VAMPIRE

MARION NÄSER-LATHER,
MARGUERITE RUMPF
(HG.)

VAMPIRE

Zwischen Blutdurst und Triebverzicht

BÜCHNER-VERLAG
Wissenschaft und Kultur

ISBN (Print) 978-3-96317-203-8
ISBN (ePDF) 978-3-96317-726-2

Bildnachweis Cover: Edvard Munch: Der Vampir, 1893, Öl auf Leinwand, 80,5 × 100,5 cm, Kunstmuseum Göteborg

Satz und Umschlaggestaltung: DeinSatz Marburg | tn

Druck und Bindung: Schaltungsdienst Lange oHG, Berlin

Printed in Germany
Die verwendeten Druckmaterialien sind zertifiziert als FSC-Mix.

Bibliografische Informationen der Deutschen Nationalbibliothek

Die Deutsche Nationalbibliothek verzeichnet diese Publikation in der Deutschen Nationalbibliografie, detaillierte bibliografische Angaben sind im Internet über http://dnb.de abrufbar.

www.buechner-verlag.de

Inhalt

Einleitung

Von Marion Näser-Lather und Marguerite Rumpf

Der Glaube an lebende Leichname, blutsaugende Dämon*innen oder Wiedergänger*innen, die nach dem Tod die Lebenden schädigen, stellt ein kultur- und zeitübergreifend auftretendes Phänomen dar. In der griechischen und römischen Zivilisation waren es die Lamien, Dämon*innen, die durch Zauberkunst Kinder anlockten, ihnen das Blut aussaugten und ihr Fleisch aßen. Ähnliche Figuren stellen die Empusen dar, blutdürstige Wesen in Gestalt schöner Frauen aus der griechischen Mythologie, sowie die Strigen, blutsaugende vogelartige Dämon*innen aus dem römischen Mythenkreis.[1] Auch die in der Odyssee erwähnte Vorstellung, dass die Toten in der Unterwelt Blut benötigen, um sich zu erinnern, weist die vampirisch anmutende Konstellation des Blut konsumierenden Untoten auf. In einigen arabischen Ländern sind Ghoule bekannt. Diese Wesen fressen nachts mit ihren spitzen Reißzähnen Leichen und ähneln damit den japanischen Kashas, Katzendämon*innen, die Leichname stehlen. In Indien existiert der Glaube an Vetalas oder Rákshasas, die den Lebenden in der Nähe von Grabstätten auflauern. In Teilen Ghanas, der Elfenbeinküste und Togos heißen menschenähnliche, vampirartige Wesen Asanbosam. In Guinea finden wir Owenga, Ahnen, die von den Toten wiederkehren und menschliches Blut trinken. Der Vampir Azeman tritt in bestimmten Gegenden des nordöstlichen Südamerikas auf.[2] Nach Anthony Masters

1 Vgl. Johnston u. a. 2006; Bloch 2006; Richter/Höfer 1915, siehe Homerus 2008, Odyssee 11. Gesang, Verse 34–99.

2 Vgl. Heitz 2015, Pos. 114–129.

existieren in über 30 Ländern Erzählungen über ca. 40 Arten vampirähnlicher Wesen.[3] Verwandtschaften beziehungsweise diskursive Überschneidungen bestehen zu Wiedergänger*innen, also zurückkehrenden Toten, Werwölf*innen, alb-ähnlichen und nächtens heimsuchenden Geistern sowie Nachzehrer*innen. Letztere rauben den Lebenden Kraft, um sie mit sich in den Tod ziehen, ohne ihre Gräber zu verlassen. Hier spiegelt sich die weltumspannende Angst vor den wieder zum Vorschein kommenden Verstorbenen und zeigt die kulturwissenschaftliche Anschlussfähigkeit des alle Zeiten und Räume überdauernden Mythos Vampir*in.

Im Folgenden möchten wir vor allem mit Bezug auf die europäischen Varianten die Figur des*der Vampirs*in in seinen*ihren Zuschreibungen und Symbolgehalten näher beleuchten und uns so dem Themenfeld des vorliegenden Sammelbandes – den Vampir*innen[4] als aktuelles popkulturelles Phänomen – annähern. Ein Blick in ihre Historie bildet hierfür die notwendige Grundlage.

Vorläufer des europäischen Vampirmythos finden sich in den Wiedergänger*innen in William of Newburghs »Englischer Geschichte« (*Historia rerum Anglicarum*) aus der zweiten Hälfte des 12. Jahrhunderts, bei denen bereits zentrale Motive und Elemente späterer Vampir*innengeschichten auftreten. Aber auch in den Isländersagas aus dem 13. Jahrhundert werden Wiedergänger*innenfälle aus der Zeit der Christianisierung um das Jahr 1000 behandelt. Mindestens seit dem frühen Mittelalter existiert die Vorstellung des*der Wiedergängers*in im Volksglauben, die immer als schädlich für die Lebenden gelten.[5] Im mitteleuropäischen Volksglauben ist im Mittelalter außerdem der*die Alb bekannt: Diese*r überfällt, als nicht menschliche*r Nachtdämon*in, ähnlich den Vampir*innen die Menschen im Schlaf.[6] Ein besonderes Charakteristikum des*r Vampirs*in ist in diesem Zusammenhang, dass er*sie sein*ihr Grab verlassen muss.

3 Masters, zitiert nach Heitz 2015, Pos. 129.
4 Eine geschlechtergerechte Schreibweise ist den Herausgeberinnen wichtig, die Umsetzung wurde den Autor*innen selbst überlassen.
5 Vgl. Equiamicus 2010, S. 30.
6 Vgl. ebd., S. 23.

In den altnordischen Erzählungen firmiert der ›lebende Leichnam‹ oder ›umgehende Tote‹ als *draugr*. Vereinzelt finden sich ›schädigende Tote‹ auch in englischen Pamphleten des 17. Jahrhunderts.[7]

Der alltagsreligiöse Glauben in Südosteuropa, insbesondere Bulgarien, Serbien, Griechenland, und in der Türkei Anfang des 16. bis Ende des 18. Jahrhunderts, in dem sich vampir*innenähnliche Gestalten, Nachzehrer*innen und Wiedergänger*innen finden, spielte schließlich eine entscheidende Rolle für die modernen Imaginationen der Figur.[8] So finden sich im Gesetzbuch des serbischen Zaren Stefan Uroš IV. Dušan aus dem Jahr 1349 Belege für Praktiken, die in Verbindung mit dem Volksglauben an Vampir*innen in Verbindung stehen.[9]

Mit welchen Symbolen und Sinnzuschreibungen werden also Vampir*innen in Verbindung gebracht?

Zentral erscheint zunächst das Blut. Dieses gilt in zahlreichen Kulturen und Überlieferungen als Sitz des Lebens und der Seele, ihm wird eine heilende Wirkung nachgesagt. Blut zu trinken ist daher stark mit Bedeutungen aufgeladen, sowohl als Tabu wie auch als Praxis. Das Bluttrinken zum Zweck der Aneignung der Kraft der getöteten Feinde wurde den Skyth*innen durch Herodot und den Sarmat*innen von Plinius zugeschrieben.[10]

Die Vorstellung, dass Vampir*innen Blut trinken, ist unter anderem darauf zurückzuführen, dass bei Exhumierungen Leichenflüssigkeit aus Mund und Nase der vermeintlichen Untoten austrat, die von den ›Vampir*innenjäger*innen‹ für frisches Blut gehalten wurde.[11] Im alltagsreligiösen Glauben im Osteuropa des 16. bis 18. Jahrhunderts spielte jedoch der Vorgang des Blutsaugens keine große Rolle. Das Entziehen von Lebenskräften oder Blut durch vermeintlich aktive Tote wurde nur vage wahrgenommen.[12] Das Blutsaugen tritt erst mit dem Wandel des*der

7 Vgl. Bohn 2016, Pos. 535–741, 780.
8 Vgl. Heitz 2015, Pos. 1534; Tegethof 2011.
9 Vgl. Kreuter 2010, Sp. 1320.
10 Vgl. Ranke 1979, Sp. 506, 510.
11 Vgl. Kührer 2010, S. 48f.
12 Vgl. ebd., S. 16.

Vampirs*in zur erotisch aufgeladenen Figur verstärkt als Charakteristikum auf.

Lokale Berichte in Europa über das Erscheinen von Vampir*innen brachten diese zudem häufig in einem Zusammenhang mit unerklärlich wirkenden Todesfällen und Krankheitsepidemien.[13] Der Vampir*innenglaube bot somit die Erklärung für das Unfassbare sowie für konkrete Unglücke wie Seuchen und Dürren und verhieß als Feindbild einen Konsens stiftenden Ausweg aus irrationalen Gefahren beziehungsweise einen kontrollierten Umgang mit Ängsten. Die Erscheinungsform des Vampirismus steht zudem in Verbindung mit dem Krankheitsbild Tollwut: Dazu gilt der Knoblauch als apotropäische Pflanze – er lässt sich auf den intensivierten Geruchssinn zurückführen, den Menschen mit Tollwut entwickeln.[14]

Gleichzeitig werden Vampir*innen als übermächtige Wesen imaginiert.[15] Auf Basis außergewöhnlicher Fähigkeiten wird ihnen häufig ungeheuerliche Überlegenheit zugeschrieben: Sie können ihre Gestalt ändern[16], sich selbst heilen und sogar unsichtbar werden. Zudem sind sie in der Lage sich mit unterschiedlichen Kreaturen, zum Beispiel Ratten, zu verbünden und verfügen teilweise über übermenschliche Geschwindigkeit, Kraft und Fähigkeiten wie Telepathie (siehe etwa Dracula oder die Vampir*innen von Anne Rice). Andererseits weisen Vampir*innen auch diverse Schwachstellen auf. Dazu zählen ihre Tageslichtempfindlichkeit oder die Unfähigkeit fließendes Wasser zu passieren.[17]

Diese Kombination aus imaginierter Macht und Schwäche bietet somit nicht nur Erklärungsmuster für die Gemeinschaft befallende Schicksalsschläge, sondern verschafft gleichzeitig *agency* in Form von Selbstwirk-

---

13 Vgl. Tegethof 2011; Heitz 2015, Pos. 2078–2084.

14 Vgl. Nuzum 2007, S. 91.

15 Vgl. Köppl 2010, Pos. 2155.

16 Der Zusammenhang zur Fledermaus entstammt einer Artbenennung in der Biologie: Der französische Naturforscher Georges-Louis Leclerc (1707–1788) bezeichnete eine wenig erforschte Fledermausart als Vampirfledermaus, vgl. Kührer 2010, S. 22.

17 Vgl. ebd., Pos. 2140.

samkeitsüberzeugungen in Bezug auf den Umgang mit ebendiesem Übel. Mittels ritualisierter Handlungen, die an den Leichen von ›Vampir*inverdachtsfällen‹ vorgenommen werden, wie Pfählung oder Durchbohren des Herzens, Enthauptung und Verbrennung, kann dem Bösen entgegengewirkt werden.[18]

Durch die christliche Missionierung Südosteuropas erlangte die Kirche Einfluss auf Inhalte der Vampir*innenmythen.[19] So wurde beispielsweise die vampirische Aktivität von Verstorbenen auf satanische Besessenheit zurückgeführt.[20] Der*die Vampir*in galt als Kreatur des Teufels[21], weshalb Kreuz und Weihwasser gegen ihn*sie helfen sollten.[22] Auch der Mythos, dass Vampir*innen kein Spiegelbild haben, geht auf die christliche Religion zurück. Hier liegt die Ansicht zugrunde, dass ein*e Vampir*in oder ein Geschöpf, das keine Seele hat, keine Reflexion in einem Spiegel hervorbringen kann. Außerdem sollen sich die Kranken angeblich vor Spiegeln erschrecken.[23] Die Verfolgung der Vampir*innen kann, wie Gábor Klaniczay in seiner Studie *Heilige, Hexen, Vampire* anführt, als Nachfolge-Sündenbockmechanismus der Hexenverfolgung betrachtet werden.[24] Schließlich wurde Hexerei als Hauptvorwurf gegen die Vampir*innen vorgebracht. Dies geht aus dem Titel der Abhandlung des Karl Ferdinand von Schertz aus dem Jahr 1704 hervor: *Magia posthuma. Dämonische Gestalten der Volksreligiosität.* Eine dieser Gestalten, die mit dem oder der Vampir*in verknüpft sind, ist die *mora*, die Hexe, die nachts den Menschen ihr Blut aussaugt.[25]

Im Laufe der Zeit verschoben sich die Diskurse im Vampir*innen-Volksglauben vom*n der Vampir*in als schädigendem*r Toten, der*die Seuchen bringt und Blut saugt, zu Erzählungen über menschliche Norm-

18 Vgl. auch Tegethof 2011.
19 Vgl. Kührer 2010, S. 22.
20 Vgl. Bohn 2016, Pos. 5230.
21 Ebd., 1638.
22 Vgl. Schneider 1996, Sp. 388.
23 Vgl. Köppl 2010, Pos. 2122.
24 Vgl. Klaniczay 1991, zitiert nach Köppl 2010, Pos. 348.
25 Vgl. Schertz 1706; Bohn 2016, Pos. 888.

überschreitungen und Versuchungen, die belehrenden Charakter hatten.[26] Der Vampir*in- und Nachzehrer*innenglaube wirkte in diesem Zusammenhang als Instrument sozialer Kontrolle, da vor allem jene, die sich nicht regelkonform verhielten, also Außenseiter*innen und als sozial deviant geltende Personen, verdächtig wurden, Vampir*innen zu sein.[27] Vampirismus wurde insbesondere mit der Nichtbeachtung christlicher Normen in Verbindung gebracht: Sünder*innen oder Exkommunizierte liefen Gefahr, zu Vampir*innen zu werden, ebenso Verstorbene, die einer Verpflichtung zu Lebzeiten, wie dem Abbezahlen von Schulden oder Pflege von Angehörigen, nicht nachgekommen waren. Aber auch eine Störung des Übergangs ins Jenseits konnte die vampirische Verwandlung bewirken. So etwa im Falle von Menschen, die als Ungetaufte nicht bestattet wurden, bei fehlerhaft durchgeführten Begräbnisriten oder wenn der Besitz des Toten gestohlen worden war. Der Vampir*innenglaube diente somit der Ausübung von Konformitätsdruck, der Stigmatisierung und Vernichtung von Störenfrieden und Sündenböcken und auch als Regulativ hinsichtlich des ›richtigen‹ Umgangs mit frisch Verstorbenen.[28]

Im Zuge der Aufklärung wurde schließlich eine Dekonstruktion des Vampir*innenmythos angestrebt. Hintergrund war der Kampf der Aufklärung gegen jegliche Form von Aberglauben – seitens der atheistisch orientierten Aufklärer*innen als Bestandteil jeglichen irrationalen, d. h. nichtwissenschaftlichen Glaubens und seitens der Kirche im Dienste einer Trennung zwischen dem rechten Glauben gemäß der eigenen Dogmen und der in Teilen dazu in Konkurrenz tretenden Volksreligiosität. Irrationales Denken und Handeln wurden als Ausdruck dämonischer Vorstellungen verstanden und ihre Verbreitung auf den Einfluss der Magie auf breite Bevölkerungsschichten zurückgeführt.[29] Die Kirche sah sich zudem mit der Ähnlichkeit von Elementen des Vampir*innenmythos und christlicher Rituale dem Problem gegenüber, dass der Vampir*innenglau-

26 Vgl. Bohn 2016, Pos. 4853.
27 Vgl. Tegethof 2011.
28 Vgl. Bohn 2016, Pos. 5254; Tegethof 2011.
29 Vgl. Bohn 2016, Pos. 2158f.

be die gotteslästerliche Umkehrung christlicher Dogmen darstellte.[30] So steht unter anderem mit dem Abendmahl eine zentrale Glaubenslehre des Christentums in einem diskursiven Zusammenhang mit dem Vampirismus. Wir erinnern uns an die Passage im Neuen Testament, in der es heißt, Jesus Christus habe seinen Jüngern zur Bekräftigung des Neuen Bundes sein Fleisch und sein Blut in Form von Brot und Wein gereicht. Die Gläubigen trinken das Blut Jesu, um eine spirituelle Verbindung mit ihm herzustellen und das ewige Leben zu erlangen.[31] Ähnliches vollzieht sich bei der Erschaffung neuer Vampir*innen, ein Motiv, das bereits in Bram Stokers Dracula zu finden ist. Zudem ähnelten die Vorstellungen über den*die Vampir*in in seiner*ihrer Form als schlafende Leiche Legenden über die Leichen einiger Heiliger: Beide wurden als nicht der Verwesung unterliegend imaginiert. Weitere gemeinsame Kennzeichen waren das fortgesetzte Wachstum von Haaren und Nägel und das Leuchten des Grabes.[32] Zudem wurde das allnächtliche Erwachen der Vampir*innen als dämonisches Zerrbild der Wiederauferstehung der Toten gesehen.[33]

In diesem Kontext erfolgte eine Initiative von Papst Benedikt XIV (1675–1758) zur Entrealisierung des Vampir*innenglaubens: Laut ihm könne die Wiedererweckung der Toten lediglich als göttliches Wunder gedacht werden. Vampir*innen existierten daher nicht, sie seien Einbildung oder Täuschung. Anknüpfend an Papst Benedikt erklärte der Geistliche Augustin Calmet im Hinblick auf die Macht des Blutes, bei der Unverweslichkeit der Leichen von Heiligen und der Auferstehung der Toten im Zusammenhang mit christlichen Phänomenen, handele es sich um Wunder Gottes. Der Vampirismus könne zum einen durch physische Ursachen erklärt werden, zum anderen solle man die Wahrheit dieser Geschichten vollständig leugnen.[34] Im Jahr 1734 versuchte der Diakon Michael Ranft, das Vampir*innenphänomen naturwissenschaftlich zu erklären: Er führte

30 Ebd., 2405.
31 Siehe Vatikan 1997, S. 1357.
32 Vgl. Heitz 2015, Pos. 1945.
33 Vgl. Bohn 2016, Pos. 2405.
34 Vgl. Bohn 2016, Pos. 2380–2407.

die vermeintliche Unverweslichkeit der Leichen, den Ausfluss von Blut aus den Körperöffnungen und das Nachwachsen von Haaren und Nägeln auf klimatische Bedingungen und natürliche Umstände zurück.[35] Zeitgleich fand eine Vampir*innendebatte statt, die bis ins Jahr 1739 andauerte. Hier reichten die Erklärungsversuche »von bloßer Einbildung über medizinische Erklärungen wie Krankheiten, z. B. aufgrund des Genusses von infiziertem Schaffleisch, bis hin zu Vermutungen über das Fortleben der Seele über den Tod hinaus«[36]. Die Debatte trug dazu bei, dass »die Vorstellung vom wiederkehrenden und schädigenden Toten, dem man alsbald auch das Blutsaugen nachsagte«[37], in das mittel- und westeuropäische Kulturareal gelangte. Auch Jahrhunderte später noch wurde versucht, dem Vampir*innenglauben durch medizinische Erklärungsmuster den Boden zu entziehen: Die US-Amerikaner Lionel Milgrom und David Dolphin identifizierten in den 1980er Jahren die überlieferten Eigenschaften von Vampir*innen mit den Symptomen einer Stoffwechselkrankheit, einer speziellen Art der Porphyrie, die mit einer Störung des Aufbaus des roten Blutfarbstoffs Häm einhergehen.[38]

Pastor Ranft stellte den*die Vampir*in als Phänomen des Aberglaubens dar, das außerhalb des protestantischen Bereiches in der ungarischen Einflusssphäre des Osmanischen Reiches angesiedelt sei.[39] Wie an dieser Sichtweise deutlich wird, war die Figur des*r Vampirs*in seit dem 18. Jahrhundert eng mit kolonialistischen Diskursen verflochten. Der*die Vampir*in diente als Folie, um negative Stereotype über den ›Orient‹ und das (süd-)östliche Europa zu reproduzieren. Exotisierende Berichte, wie *The Land Beyond the Forest* von Emily Gerard, leisteten dieser Wahrnehmung Vorschub. In ihrer Geschichte aus dem Jahr 1888 berichtet Gerard über die

35 Ebd., Pos. 2291–2295.

36 Kreuter 2010, Sp. 1319–1327, hier: 1321.

37 Ebd.

38 Vgl. Kührer 2010, S. 45; zu den medizinhistorischen Bezügen der Vampirfigur vgl. Hamberger 1992, S. 129–173.

39 Vgl. Bohn 2016, Pos. 2296.

›Hinterwäldler*innen‹ und die mit ihrem Biss ansteckenden Untoten aus Siebenbürgen oder ›Transsilvanien‹.[40]

Dabei hat das Bild des ›Orients‹ einen Bedeutungswandel durchlaufen: Die bis ins ausgehende 17. Jahrhundert präsente Furcht vor der Bedrohung durch die Türken wich vor dem Hintergrund der Verschiebung politischer Machtverhältnisse einem Gefühl der eigenen Überlegenheit. Durch die Revolte der Serben und der Griechen gegen die Herrschaft der Osmanen auf der Balkanhalbinsel wurde seit den ersten beiden Jahrzehnten des 19. Jahrhunderts die südosteuropäische Peripherie als rückständige Region imaginiert.[41]

Aus kolonialer Perspektive ließ sich der Vampirismus als Invasion primitiver Kräfte deuten, deren Identität sich im Laufe der Zeit verschob. War mit dem Vampir*innenbegriff im Zeitalter der Aufklärung noch ein orientalisches Stereotyp konnotiert, so verlagerten sich entsprechende Zuschreibungen in der Epoche der Romantik und des Nationalismus auf das slawische Osteuropa. Im 18. Jahrhundert wurde zudem die angebliche Heimat der Vampir*innen von Serbien und Ungarn über Mähren und Schlesien nach Polen und in die Ukraine verlagert. Diese diskursive Verschiebung folgte der Fortschritts- vs. Rückständigkeitsachse sowohl von Nord nach Süd als auch von West nach Ost.[42] Slawophobe Klischees klingen auch in heutigen fiktionalen Verortungen der Ursprünge von Vampire*innen an. Das zeigt sich nicht nur in der erstmals 1897 erschienenen *Dracula*-Erzählung von Bram Stoker[43], deren Ausgang als Sieg der westlichen, zivilisierten Welt über die slawische Bedrohung gelesen werden kann, sondern auch in der Ansiedelung der europäischen Vampircoven in Budapest im Film *Underworld* (Len Wiseman, 2004).

Neben dem kolonialen Narrativ existiert der Diskursstrang der Verbindung von Vampir*innenmythos und Antisemitismus, häufig verknüpft mit antikapitalistischer Kritik.

---

40 Vgl. Bohn 2016, Pos. 351–363.
41 Vgl. ebd., Pos. 203–208.
42 Vgl. ebd., Pos. 434–444.
43 Siehe Stoker 2008.

Bereits im 18. Jahrhundert bezog ein Journalist der Londoner Zeitung *The Craftsman* die Erzählungen über Vampirismus in Osteuropa auf die staatliche Verwaltung. Er stellte Spekulationen darüber an, ob ein gewisser Arnold Paul oder Paul Arnold aus Medvedja, dem im Jahr 1732 nachgesagt wurde, ein Vampir zu sein, als Steuereintreiber dem ›blutsaugerischen Staat‹ gedient und die Bevölkerung unterdrückt zu haben. In englischen Zeitungen wurde die Geschichte unter dem Titel *Political Vampyres* aufgegriffen: das Blutsaugen wurde als Herrschaftsform stilisiert und bestimmten Adelsfamilien und Berufsgruppen wurde in Zusammenhang damit Vampirismus zugeschrieben.[44] Auch die führenden Köpfe der Aufklärung waren von antisemitischen Tendenzen nicht frei: Immanuel Kant soll im Jahr 1789 die Juden als »Vampyre der Gesellschaft« bezeichnet haben.[45]

Ebenfalls im 18. Jahrhundert wurde der Vampir im deutschsprachigen Gebiet zum politischen Kampfbegriff. Er wurde für eine antijüdische Kampagne gegen Joseph Süß Oppenheimer (1698–1738) genutzt. Oppenheimer war der finanzielle Berater von Carl Alexander von Württemberg. Nach dem Tod des Herzogs wurde er verhaftet und schließlich hingerichtet. In antisemitischen Gedichten wurde Oppenheimer anhand des Vergleichs zwischen Blutkreislauf und Geldzirkulation als Vampir diffamiert und als ›Jud Süss‹ bezeichnet.[46] Der gleichnamige NS-Propagandafilm (Veit Harlan, 1940) geht zwar nicht explizit auf die unterstellten vampirischen Eigenschaften ein, dennoch wurde im völkisch motivierten Antisemitismus die Blutsauger*innen-Metapher eines der beliebtesten Motive.[47]

Wie das Beispiel von Oppenheimer zeigt, verbindet sich mit antisemitischen Argumentationsfiguren die Kritik am Kapitalismus. Bereits Voltaire nannte die Börsenspekulant*innen und Geschäftsleute die wahren Blutsauger*innen.[48] Karl Marx beschreibt in seinem Hauptwerk *Das Kapital* dieses als »verstorbene Arbeit, die sich nur vampirmäßig belebt

44 Vgl. Bohn 2016, Pos. 2296–2304.
45 Ebd., Pos. 2304.
46 Bohn 2016, Pos. 2304.
47 Kührer 2010, S. 226–230.
48 Vgl. Bohn 2016, Pos. 2411f.

durch Einsaugung lebendiger Arbeit«[49]. Im Gegenzug werden auch die Kommunist*innen regelmäßig als Untote, Wiedergänger*innen und Vampir*innen bezeichnet.[50]

Aber auch heute noch existieren diskursive Verbindungen von Vampirismus, Antisemitismus und Antikapitalismus, wie das Beispiel der Diffamierung des israelischen Politikers Ariel Sharon zeigt. Ihm wurde in einer im Jahr 2001 ausgestrahlten ›Satireserie‹ des populären Fernsehsenders *Abu Dhabi-TV* Blutgier vorgeworfen. In einer Episode trifft er sich mit Dracula und äußert, sie beide hätten als Blutsauger viel gemein.[51]

Die Vampir*innenfigur machte somit nicht nur einen Bedeutungswandel durch, sondern wechselte auch mehrmals die diskursive Ebene: Ursprünglich eine Schreckensgestalt aus dem ländlichen Bereich, die Gegenstand sowohl religiöser als auch aufklärerischer Diskurse war, entwickelte sich der*die Vampir*in im Zuge kolonialer Argumentationen zum*r exotisierten und rassifizierten barbarischen ›Anderen‹.

Mit der von John William Polidoris im Jahr 1748 verfassten Novelle *The Vampyre, a tale* wurde der männliche Vampir als poetische Figur zum Prototyp der Gothic Novel.[52] Um das Jahr 1800 wurde er schließlich zu einem Motiv der romantischen Literatur, zu einer erotisch aufgeladenen und idealisierten fiktiven Romanfigur.[53] Im 19. Jahrhundert ließen, wie Peter Kreuter ausführt, die »Angst vor dem Sterben und dem Tod, die sich häufig mit der Furcht verband, lebendig begraben zu werden (Scheintod), aber auch die Möglichkeiten zur verklausulierten Darstellung von Erotik und Sexualität […] den Vampir als Projektionsfläche [in dieser Zeit] interessant erscheinen.«[54] Während der Vampir im frühen 18. Jahrhundert noch als Ausdruck des Animalischen und des Blasphemischen galt, mutierte

---

49 Marx 2013, S. 247, zitiert nach Köppl 2010, Pos. 3135.

50 Vgl. Kührer 2010, S. 239.

51 Vgl. ebd., S. 235f.

52 Polidori 2009.

53 Vgl. auch Tegethof 2011; Ruthner 2000.

54 Kreuter, Peter M: Vampir. In: Brednich, Rolf W.: Enzyklopädie des Märchens. Handwörterbuch zur historischen und vergleichenden Erzählforschung. Bd. 13: Suchen-Verführung. Berlin 2010. Sp. 1319–1327, hier S. 1322.

er nun vom abstoßenden, tier- und triebhaft wirkenden Wiedergänger-Dorfmonster zum Menschen in Form eines attraktiven, distinguierten aristokratischen Dandys.[55] Die bekannteste Verkörperung dieses Typus stellt wohl Bram Stokers Dracula dar: der elegant gekleidete Edelmann, dessen Blässe sowohl auf seinen adligen Stand als auch auf den Tod verweist. Als übriggebliebene monströse Insignien fungieren lediglich spitze Fingernägel und Reißzähne.[56]

Die in diesem Band thematisierte Figur ist jedoch keine rein männliche. Insbesondere seit Ende des 18. Jahrhunderts wurden in literarischen Erzählungen Männer zu Opfern und Vampirinnen zu Täterinnen, mit den Hauptmotiven des Geschlechterkampfes und der Angst vor der Frau als einem Wesen von panerotischer Unersättlichkeit. Diese Angst vor der weiblichen Sexualität hat eine lange Geschichte in den Mythen patriarchaler Gesellschaften. Sie manifestiert sich bereits in der Figur der Lilith – ursprünglich eine mesopotamische Göttin und Adams erste Frau – im jüdischen Talmud, in den Lamien der griechischen Mythologie und in der indischen Göttin Kali. Sie alle zeigen vampirische Züge. Im Christentum ist die Frau eine Versucherin – auch diese Vorstellung fließt in die Repräsentation von Vampirinnen ein.[57] Der*die Vampir*in ist darüber hinaus auch eine queere Figur, wie nicht nur die homo- und bisexuellen Beziehungskonstellationen von literarischen und Filmvampir*innen zeigen. Darüber hinaus entziehen sich Vampir*innen, wie Kimberley Lau[58] herausstellt, den Vorgaben heteronormativer Temporalität, indem ihre Art der Existenz der Chrononormativität teleologischer Schemata wie Heirat, Akkumulation von Gesundheit und Reichtum für die Zukunft, Reproduktion und Tod nicht folgt.

Die Vampir*innen übten lange Zeit keinen Triebverzicht, sie sind bis auf die jüngste popkulturelle Vergangenheit anomisch. Vampir*innen sind somit eine Manifestation eskapistisch-grenzüberschreitender Wün-

55 Vgl. Köppl 2010, Pos. 558–618, Tegethof 2011.
56 Vgl. Tegethof 2011.
57 Vgl. Kührer 2010, S. 205–210.
58 Vgl. Lau, Kimberley 2018.

sche, um der nach Sigmund Freud durch die Kultur geforderten Zumutungen von Zwang und Triebverzicht zu entfliehen.[59] Erst vor einigen Jahren hat sich das Bild der Vampir*innen zum Symbol für das Ringen um Triebverzicht gewandelt. Beginnend mit Louis aus dem Anne-Rice Universum[60], auf die Spitze getrieben mit Edward der *Twilight*-Serie[61] und in gebrochener Form fortgesetzt in Jim Jarmuschs Film *Only lovers left alive* (2013) werden Vampir*innen in einer Diskursverschiebung als teils selbstquälerische, asketische Wesen gezeigt, die entweder das Töten von Menschen aus ganzem Herzen bereuen, es minimieren oder – in der sozialverträglich-eingehegten, quasi ›vegetarischen‹ Variante des auch für Teenies geeigneten Kuschelvampirs – gleich ganz darauf verzichten.[62] Also vom Monster zum Vorbild, oder, wie Thomas Macho es bezeichnet, ein »Zivilisationsprozess der Vampire«[63]. Im Falle von Jarmuschs Adam und Eve sind die Verhältnisse gar umgekehrt: Die Menschen sind ›Zombies‹, die den Planeten zerstören, worüber die kultivierten Vampir*innen nur traurig den Kopf schütteln können. Über Zusammenhänge mit aktuellen Trends und persistierenden Anforderungen an das bürgerliche Subjekt, wie zum Beispiel Selbstdisziplinierung, kann hier nur spekuliert werden. Dennoch töten Adam und Eve am Ende des Films, und auch die Vampir*innen aus *Underworld* behalten ihre Wildheit im Kampf. In der Fernsehserie *The Strain* (Guillermo del Toro/Chuck Hogan, 2014–2017) ist wiederum von der idealisierten Softversion der kultivierten, ethisch denkenden und handelnden Vampir*innen nichts mehr übriggeblieben. Die *Strigoi* sind nichtmenschliche, größtenteils instinkt- und fremdgesteuerte Monstren. Im pragmatisch-anthropomorphisierenden Dazwischen sind die Vampir*innengemeinschaften in den Filmen *Blade* (Stephen Norrington, 1998) und *Daybreakers* (Michael Spierig/Peter Spierig, 2009) angesiedelt. Die Figur des*r Vampirs*in verweigert sich somit dem Pro-

59 Vgl. Köppl 2010, Pos. 1870–1873.

60 Siehe z. B. Rice 1994.

61 Hardwicke 2008.

62 Vgl. Macho 2017, S. 17–20.

63 Ebd. S. 20.

jekt der gänzlichen Zivilisierung und Einhegung, sie oszilliert zwischen Blutdurst und Triebverzicht und bleibt ambivalent und schillernd. In der Vampir*innengestalt manifestiert sich das Beste wie das Schlechteste im menschlichen Charakter.

Der Hauptgrund für die Persistenz des Vampir*innenmotivs ist ebendiese Adaptionsfähigkeit und Vielfalt. Als ›das Andere‹ eignet er oder sie sich gut, um als Metapher die Sehnsüchte, Ängste und Wünsche, aber auch die Tabus und (unterdrückten) Diskurse der jeweiligen Zeit zu repräsentieren und gesellschaftliche Normen infrage zu stellen.[64] So wird er*sie mit Krankheit und Unglück assoziiert, dient als Projektionsfläche für Fremdenhass, rassistische und kolonialistische Zuschreibungen, als magisches Gegenbild zur rationalen Philosophie der Aufklärung und als Ausdruck der Tabuisierung von Trieben und Sexualität im viktorianischen Zeitalter. In ihm*ihr manifestiert sich die bürgerliche Kritik am Adelsstand, klassenkämpferische, antisemitische und antikapitalistische Motive ebenso wie die in Zeiten der Säkularisierung stärker hervortretende Angst vor dem Tod, die mit der Sehnsucht nach Unsterblichkeit gepaart ist. Der*die innerlich zerrissene und existenzialistisch zweifelnde Vampir*in symbolisiert die Geworfenheit des um einen eigenen ethischen Standpunkt ringenden postmodernen Subjekts ins Sein.[65] Durch diese Bedeutungsoffenheit ermöglicht er*sie die Reflexion und Infragestellung konventioneller Denkmuster und Normen.[66]

Die europäischen Vampir*innen sind somit im Spannungsfeld von osteuropäischem Volksglauben und westeuropäischen Klischees verortet. Vampir*innen sind verführerisch, unsterblich, haben übernatürliche Fähigkeiten und sind vor Krankheit und Alter gefeit. Mit ihren Beschränkungen – Blutsucht, Lichtempfindlichkeit, Knoblauchallergie usw. – sind sie andererseits aber auch gebrochene Held*innen. Sie weisen mythisch-folklorische und religiöse, kolonialistische beziehungsweise antisemitische sowie literarisch-fiktionale und populärkulturelle Bedeu-

---

64 Vgl. Tegethof 2011.
65 Vgl. Gordon/Hollinger 1997, S. 5.
66 Vgl. Tegethof 2011.

tungsaspekte auf. Aus ihrer Bedeutungsvielfalt resultiert die bereits für die vormodernen Vampir*innenfiguren des Volksglaubens typische Wandelbarkeit und Widersprüchlichkeit, die von den Vampir*innen auch in ihren medialen Formen in Literatur, Film und Fernsehen bestätigt werden.

Beruhend auf den Überlegungen, ob Vampir*innen ganz nach Blutdurst oder im Sinne eines Triebverzichts handeln, haben Studierende der Kulturwissenschaft in einem zweisemestrigen Seminar am Institut für Europäische Ethnologie/Kulturwissenschaften der Philipps-Universität Marburg an verschiedenen, selbstgewählten Themen gearbeitet. Wir freuen uns, die Ergebnisse in diesem Band präsentieren zu können.

Franziska Peikert hat sich in einer diskurs- und filmmethodischen Analyse mit den Serien *Buffy the Vampire Slayer, being human* und *Shadowhunters* befasst. Sie stellt dar, wie die inneren Monster der Serienvampir*innen auf je unterschiedliche Weise filmisch sichtbar gemacht werden und kommt zu dem Schluss, dass die in der Metamorphose aufscheinenden Kategorie-Brüche das Scheitern des vernunftgeleiteten Blicks bloßstellen. Vampir*innen sind nicht nur von Blutdurst und Kontrollverlust abhängig, sondern es lässt sich auch eine insgesamt quantitativ abnehmende Darstellung des*r monströsen Vampirs*in konstatieren. Diese Entwicklung kann als Produkt einer Gesellschaft verstanden werden, die ein verstärktes Bewusstsein für Fremde, Widersprüche und Hybridwesen entwickelt hat.

From Zero to Shero ist der Titel von Sandra Schwarzmanns Aufsatz. Darin beschäftigt sie sich mit den feministischen Botschaften der Serien *Buffy – Im Bann der Dämonen, Blood Ties – Biss aufs Blut* sowie *Van Helsing.* Schwarzmann zeigt anhand der Kategorien Autorität, Autonomie und Sexualität Parallelen zwischen dem Frauenbild der Serien und unterschiedlichen feministischen Forderungen und Ansätzen auf. Die Verbindung der Jägerin zum*r Vampir*in stellt dabei die nötige Projektionsfläche für gesellschaftliche Diskurse dar.

In *Der Vampir in Vampire the Masquerade* befasst sich Alexander Gerdes mit einem Pen-und Paper-Rollenspiel. Im Fokus liegt dabei eine Betrachtung der Dichotomie zwischen Triebzwang und verzicht der vampirischen Spielfiguren. Gerdes beschreibt, wie diese im Spiel sichtbar wird und zieht Parallelen zwischen Spielewelt und aktuellen gesellschaftlichen Entwicklungen.

Nils Weber hat die Computerspiele *The Count*, *Vampire: The Masquerade – Bloodlines* und *Vampyr* untersucht. In seinem Aufsatz *Blutverzehr in dunklen Gassen* veranschaulicht er anhand der Ikonographie und Topographie der Spiele, dass sich in den semantischen Zeichen und dem mit diesen korrespondierenden syntaktischen Rahmen eine Evolution und damit veränderte Genrestruktur manifestiert, die sich durch die interaktiven Eigenschaften des digitalen Spiels, trotz Konvergenzen, vom Medium Film unterscheidet.

Alina Januschek nähert sich in ihrem Beitrag *Realer Vampyrismus – wie leben Vampyre?* mittels biographischer Interviews zwei Personen, die sich als Vampyrinnen verstehen. Januschek geht auf die unterschiedlichen Arten des Vampyrismus – die *Sanguinarians* und die Energievampyr*innen – ein. In der Kontextualisierung der empirischen Beobachtungen Januscheks mit der Forschungsliteratur zu Vampyrinnen zeigt sich, dass die Identität als Vampyr*in jeweils nicht nur mit sehr individuellen Zuschreibungen, Bedeutungen und Konflikten verbunden ist, sondern auch wesentlich aus vorhandenen popkulturellen Sinnbezügen schöpft.

Die Herausgeberinnen Marion Näser-Lather und Marguerite Rumpf möchten sich bei Franziska Peikert für das Lektorat bedanken. Das Zentrum für Gender Studies und Feministische Zukunftsforschung der Philipps-Universität Marburg und der Förderverein der Marburger kulturwissenschaftlichen Forschung & Europäischen Ethnologie e. V. haben durch ihre finanzielle Unterstützung die Drucklegung ermöglicht, auch ihnen sei herzlich gedankt.

Literatur- und Quellenverzeichnis

Bloch, René (2006): Empusa. In: Der Neue Pauly, herausgegeben von: Hubert Cancik, Helmuth Schneider (Antike), Manfred Landfester

(Rezeptions- und Wissenschaftsgeschichte). Zuletzt zugegriffen am: 24. Februar 2019, http://dx.doi.org/10.1163/1574-9347_dnp_e330200.

Bohn, Thomas M. (2016): Der Vampir. Ein europäischer Mythos. Köln u. a. [Kindle-Ausgabe].

Del Toro, Guilermo; Hogan, Chuck (2014–2017): The Strain. Los Angeles: Cuse Productions.

Equiamicus, Nicolaus (2010): Vampire damals und heute. Eine Chronologie. Diedorf.

Gerard, Emily (1888): The Land Beyond the Forest. Facts, Figures, and Fancies from Transylvania. Vol. I–II. Edinburgh/London.

Gordon, Joan; Hollinger, Veronica (1997): Introduction. The Shape of Vampires. In: Blood Read. The Vampire as Metaphor in Contemporary Culture, herausgegeben von: Dies. Philadelphia, S. 1–11.

Hamberger, Klaus (1992): Mortuus non mordet. Dokumente zum Vampirismus 1689–1791. Wien.

Hardwicke, Catherine (2008): Twilight – Biss zum Morgengrauen. Universal City: Summit Entertainment.

Harlan, Veit (1940): Jud Süß. Berlin.

Heitz, Markus (2015): Vampire! Vampire! Alles über Blutsauger. München und Berlin [Kindle-Ausgabe].

Homerus (2008): Odyssee. Übersetzt von Johann Heinrich Voß. Frankfurt am Main.

Jarmusch, Jim (2013): Only Lovers left alive. London: Recorded Pictures Company.

Johnston, Sarah Iles; Kramolisch, Herwig, und Wirbelauer, Eckhard (2006): »Lamia«. In: Der Neue Pauly, herausgegeben von: Hubert Cancik, Helmuth Schneider (Antike), Manfred Landfester (Rezeptions- und Wissenschaftsgeschichte). Zuletzt zugegriffen am: 24. Februar 2019, http://dx.doi.org/10.1163/1574-9347_dnp_e629400.

Klaniczay, Gábor (1991): Heilige, Hexen, Vampire. Vom Nutzen des Übernatürlichen. Berlin.

Köppl, Rainer (2010): Der Vampir sind wir: Der unsterbliche Mythos von Dracula biss Twilight. St. Pölten [Kindle-Ausgabe].

Kreuter, Peter M. (2010): Vampir. In: Enzyklopädie des Märchens. Handwörterbuch zur historischen und vergleichenden Erzählforschung, herausgegeben von: Rolf W. Brednich. Bd. 13: Suchen – Verführung. Berlin. Sp. 1319–1327.

Kührer, Florian (2010): Vampire. Monster, Mythos, Medienstar. Kevelaer.

Lau, Kimberley J. (2018): The Vampire, the Queer, and the Girl. Reflections on the Politics and Ethics of Immortality's Gendering. In: Signs. Journal of Women in Culture and Society 44 (1), S. 3–24.

Macho, Thomas (2017): Zivilisierung der Vampire? Zum Gestaltwandel der Blutsauger. In: ZfK – Zeitschrift für Kulturwissenschaften 2, S. 15–23.

Marx, Karl (2013) [1867]: »Der Arbeitstag«. In: Das Kapital. Kritik der politischen Ökonomie. Erster Band. Buch I: Der Produktionsprozeß des Kapitals. III. Abschnitt: Die Produktion des absoluten Mehrwerts. 8. Kapitel. In: Marx-Engels-Werke (MEW), Bd. 23, Berlin.

Norrington, Stephen (1998): Blade. New York: Amen Ra Films.

Nuzum, Eric (2007): The Dead Travel Fast. Stalking Vampires From Nosferatu To Count Dracula. New York.

Polidori, William (2009) [1748]: The vampire. A tale. Waiheke Island.

Ranke, Kurt (1979): Blut. In: Enzyklopädie des Märchens. Handwörterbuch zur historischen und vergleichenden Erzählforschung, herausgegeben von: Rolf W. Brednich. Bd. 2: Bearbeitung-Christusbild, Berlin, Sp. 506–522.

Richter, Franz; Höfer, Otto (1915): Strigae, Stringae. In: Ausführliches Lexikon der griechischen und römischen Mythologie, herausgegeben von: Wilhelm Heinrich Roscher. Bd. 4, Leipzig, Sp. 1552–1557.

Rice, Anne (1994): Interview mit einem Vampir. München.

Ruthner, Clemens (2000): Süd/Osteuropäer als Vampire. Draculas Karriere vom blutrünstigen Tyrannen zum mythischen Blutsauer. Prolegomena zu einer Literaturgeschichte des Vampirismus II. In: Germanistische Mitteilungen 52, S. 135–148. stark überarb. u. erw. Fassung. Zuletzt zugegriffen am: 13. November 2019, www.kakanien.ac.at/beitr/vamp/CRuthner3/.

Schertz, Karl Ferdinand, Freiherr von (1706): Magia Posthuma. Olmütz.

Schneider, Wolfgang (1996): Kreuz. In: Enzyklopädie des Märchens. Handwörterbuch zur historischen und vergleichenden Erzählforschung, herausgegeben von: Rolf W. Brednich. Bd. 8: Klerus – Maggio, Berlin, Sp. 387–398.

Spierig, Michael; Spierig, Peter (2009): Daybreakers. Vancouver: Lions Gate.

Stoker, Bram (2008): Dracula. Ein Vampirroman. Aus dem Engl. von Stasi Kull. München.

Tegethof, Silke (2011): Blutsauger, Nachzehrer und andere Untote. Eine kurze Kulturgeschichte des Vampirs. In: parapluie. Elektronische Zeitschrift für Kulturen, Künste, Literaturen 27. Zuletzt zugegriffen am: 10. März 2019, https://parapluie.de/archiv/arbeit/vampir/.

Vampyrbibliothek. Deutschlands älteste private Webpräsenz zum Thema Vampirismus. Zuletzt zugegriffen am: 13. April 2019, http://www.vampyrbibliothek.de/vampire/vampire-nachzehrer.htm.

Vatikan (Hrsg.) (1997): Katechismus der katholischen Kirche. Zuletzt zugegriffen am: 15. März 2019, http://www.vatican.va/archive/DEU0035/_INDEX.HTM.

Wiseman, Len (2003): Underworld. Beverly Hills: Lakeshore Entertainment.

Mensch – Monster – Metamorphosen

Eine exemplarische Analyse des Gestaltwechsels von Serienvampir*innen

Franziska Peikert

Abstract

Das Ziel der für diesen Beitrag erfolgten Untersuchung war es zu beleuchten, über welche Symbole und Argumente Vampir*innen im Serienformat figurativ das Monströse verkörpern und welche Relevanz der optischen Abweichung im Gestaltwechsel darin beigemessen wird. An den Ergebnissen einer diskurs- und filmmethodischen Analyse der drei Serienbeispiele *Buffy the Vampire Slayer*, *being human* und *Shadowhunters* zeigt sich, dass die in der Metamorphose sichtbar werdenden Kategorie-Brüche, die das Scheitern des vernunftgeleiteten Blicks bloßstellen, in den Vampir*innen nicht nur von Blutdurst und Kontrollverlust abhängig sind, sondern auch charakterliche Besonderheiten der Hauptfiguren betonen. In Anlehnung an spät- und postmoderne Subjekt- und Identitätstheorien lässt sich die insgesamt quantitativ abnehmende Darstellung monströser Vampir*innen als Produkt einer Gesellschaft lesen, die ein verstärktes Bewusstsein für Fremde, Widersprüche und Hybridwesen entwickelt hat. Monstrosität scheint mehr denn je eine Frage des alltäglichen Handelns zu sein, auch wenn sie in ihrem raren Auftauchen weiterhin mithilfe klassischer Elemente inszeniert wird.

Einleitung

»In terms of monsters, there is no one absolute.«[1]

Was Joss Whedon bezüglich seiner enorm erfolgreichen Serie *Buffy the Vampire Slayer* schon zur Jahrtausendwende feststellte, wird bis heute von Medien-, Literatur- und Kulturwissenschaftler*innen geteilt und angeführt, um die andauernde Anwesenheit und Varianz des Monströsen als Metapher und Narrativ kultureller Kontexte zu begründen. Als verkörpertes Mahnmal[2] deutet es auf Tabuisierungen einer Gesellschaft hin und fungiert als erhobener Zeigefinger, der Chaos ankündigt, wenn die Grenzen von Normen und Normalitäten überschritten werden. Als solcher ist das Monster je nach Bezug äußerst wandelbar und wird in medialen Produktionen nach Belieben ausgestaltet und mit Bedeutung aufgeladen.

Das Bild monströser, blutsaugender Vampir*innen hat sich seit der Erfindung des Kinos in das kollektive Gedächtnis unserer Gesellschaft eingebrannt und ist zu einem popkulturellen und gewinnbringenden Phänomen avanciert[3]. Da Vampir*innen als kulturelles Abbild ihrer Epoche verstanden werden können[4], über welches gesellschaftliche Aushandlungen von Grenzen stattfinden[5], bedarf es meines Erachtens verstärkter Hinwendung zu gegenwärtigen Blutsauger*innen und seinen*ihren Repräsentationen.

Auch in der Serie, einer in Zeiten von Netflix und anderen Streaming-Diensten immer intensiver konsumierten Erzählform, verlassen sich manche Genres auf die profitable Vampir*innenfigur. Wie jedoch stellt sich das Grenzwesen des*der Vampirs*in in einem Medium dar, dessen Ende allzu oft nur vom nachlassenden Publikumsinteresse bestimmt

1 Whedon in Wasserer 2008, S. 42.

2 Lateinisch monstrare = zeigen, vorhersagen, monere = ermahnen, warnen; die genaue Wortherkunft ist jedoch ähnlich unbestimmt wie das Monster an sich. Vgl. Overthun in Geisenhansluke/Mein (Hg.) 2009, S. 47.

3 Vgl. Müller in Begemann et al. (Hrsg.) 2008, S. 264.

4 Vgl. Recht 2011, S. 8.

5 Vgl. Begemann et al. In ders. (Hrsg.) 2008, S. 24.

ist und das eine detaillierte Charakterisierung seiner Protagonist*innen verlangt?

Die Metamorphose[6] von der menschlichen in die monströse Vampir*-innengestalt bietet sich als Fixpunkt zur Beantwortung der Frage an. Von hier aus können Schlüsse auf die gesamte Charakterdarstellung gezogen sowie vorsichtige Interpretationen bezüglich inhärenter soziokultureller Konventionen und Grenzvorstellungen formuliert werden. Exemplarisch wurden hierfür die drei englischsprachigen Serien *Buffy the Vampire Slayer*, *being human* und *Shadowhunters* untersucht, die in einem Zeitraum von 19 Jahren erschienen und dadurch in einem Seitenstrang auch eine historische Einschätzung ermöglichen. Nach einer kurzen Beleuchtung des Monströsen als theoretische Basis werden die Ergebnisse zusammengefasst, bevor der Versuch einer Einordnung in weiterreichende aktuelle Identitätskonzepte erfolgen soll.[7] Während sich für das Monster und den*die Vampir*in, historisch und medial, eine reichhaltige Quellenlage sowohl im deutschsprachigen Raum als auch international bietet, die die andauernde Popularität des Themenkomplexes hervorhebt, scheint der direkte Prozess des Gestaltwechsels in der Serienform bisher keine Beachtung gefunden zu haben, wenn auch das Nebeneinander von Gut und Böse in Vampir*innen auf narrativer Ebene durchaus thematisiert wird (beispielsweise in kleineren qualitativen Studien wie der von Leila Werthschulte und Šeila Selimović aus dem Jahr 2009). Die spezifischen körperlichen Merkmale des*der Vampirs*in während beziehungsweise nach einer Verwandlung hingegen wurden im Einzelnen bereits vielfach beschrieben und diskutiert, hier sei nur auf die jeweiligen Beiträge in der Enzyklopädie des Märchens sowie deren Literaturverzeichnisse verwiesen. Die Problematiken um Identität und ein einheitliches Selbst sind alt, vor

6 Oder auch Umgestaltung, gemäß der Wortherkunft aus dem Griechischen metá = ver, morphḗ = Gestalt, vgl. hierzu https://www.duden.de/rechtschreibung/Metamorphose, letzter Zugriff: 13.03.2018.

7 Auf den für eine ganzheitliche Betrachtung notwendigen, detaillierteren Blick auf produktionelle Bedingungen, Intentionen der Macher*innen, Reaktionen und Rezeptionen der Zuschauer*innen (vgl. Hickethier 2012, S. 34) muss aufgrund des Umfangs meines Projekts an dieser Stelle verzichtet werden.

allem in der sozialpsychologischen Forschung bereits seit den 1980er Jahren wieder verstärkt ein Thema und gehen jüngst einher mit postmodernen Theorien in verschiedenen geisteswissenschaftlichen Disziplinen. Hier knüpfen neuere Arbeiten zum Thema Hybridität an, von denen einige im vorletzten Kapitel kurz angesprochen werden.

Monster: Existenzen auf und jenseits von Grenzen

Das monströse Wesen ist eng verflochten mit Diskursen des Gesellschaftlichen und des Identitären, in denen seit Jahrhunderten Regeln bezüglich Ethik, Moral und Körper geltend gemacht werden. In zahlreichen Publikationen bemühen sich Forscher*innen bis heute um Definitionen und prägen ein Bewusstsein dafür, dass das Monster relationalen Charakter hat – ob es in Erscheinung tritt, hängt von gängigen Normalitätskonzepten, Diskursen und Differenzdenken ab.[8] Annina Klappert[9] verbildlicht dies am Beispiel eines entflohenen Gorillas: Eingehegt in die Ordnung eines Zoos als tierisches Ausstellungsobjekt klassifiziert, wird er erst nach seinem Ausbruch zu einer Gefahr, nicht nur für Leib und Leben des Einzelnen, sondern auch für die menschlichen, der äußeren Umwelt übergestülpten Denk- und Lebenssysteme, die auf selbstverständlich gewordenen Trennungen und (Natur-)Gesetzen beruhen. Das Monster macht sichtbar, was nicht sein darf; es ist im wahrsten Sinne des Wortes eine Ausnahme. Michel Foucault bezeichnet es in seinen Ausführungen über das Anormale als »paradigmatische Schwellenfigur«[10] – es führt zu einem Zusammenbruch binärer Ordnungsschemata, weil es *zwischen* mindestens zwei klar voneinander abgegrenzten Kategorien (be-)steht und dort erkennbar

8 Vgl. Parr in Geisenhansluke/Mein (Hrsg.) 2009, S. 21.
9 Vgl. in ebd., S. 125–128.
10 Zitiert nach Overthun in ebd., S. 52.

wird, wobei es unter der Fassade des Normalen in jedem*r lauern kann.[11] Seine Eigenschaft besteht nach Foucault in tautologischer Weise darin, aus sich heraus seine Abweichung zu erklären und sich als Monster zu behaupten.[12] Die Arbeiten etwa von Sigmund Freud, mit ihrer Ablösung vom kartesianischen Ego und einem erwachsenden Verständnis für das Unbewusste und Triebhafte des Selbst, das es zu kontrollieren und emanzipieren gilt[13], müssen als historische Grundlage derartiger Überlegungen verstanden werden. Das Monster wurde damit vom Rande der Welt in die Mitte der bürgerlichen, vernunftgeleiteten Gesellschaft geholt und war damit ungleich schwerer zu kontrollieren. Das Andere und das Eigene sind seitdem nur in gegenseitiger Bezugnahme zu verstehen.

Das Monströse kann also nur *ex negativo* definiert und als solches in Bezug auf das *augenscheinlich* Normale deutlich werden.[14] Samuel Sieber betont denn auch die Bedeutung des Sehens für die Konstituierung eines Monsters, was im Rahmen einer Analyse visueller Medien besonders hervorzuheben ist. Der einordnende Blick wurde im Zuge der Aufklärung zum dominanten Sinn ernannt. Über die distanzierende Betrachtung glaubte man, das Objektive und damit Wahre vorzufinden, das dann akribisch sortiert werden sollte. Man wollte Licht ins Dunkel bringen – und stellte bald fest, dass sich manch ein Bereich hartnäckig den Erleuchtungs- und Kategorisierungsversuchen entzog.[15] Das Monströse befindet sich daher stets im Dämmernden und Dunklen, auf oder hinter der Schwelle des Sichtbaren. Trifft der ordnende Blick auf dieses unmöglich Einzuordnende, wird das Monster »zum schauerlichen Trauma scheiternder Vernunft«[16].

11 Vgl. Krause in Bartz/Krause (Hrsg.) 2007, S. 66.
12 Ebd., S. 67.
13 Vgl. Benhabib in Huyssen/ Scherpe (Hrsg.) 1986, S. 108.
14 Vgl. Bartz/Krause (Hrsg.) 2007, S. 15.
15 Vgl. Sieber 2001, S.140–142 und S. 218.
16 Ebd. S. 246.

Zwischen Mensch und Monster – Serienvampir*innen als Grenzwesen

Die Visualisierung des*r Vampirs*in baute zunächst auf den Vorstellungen auf, die in den berühmten literarischen Vorgaben verfestigt worden waren und die Figur als typisches Monster kennzeichneten, das gesellschaftliche Normen bedrohte. Heutzutage verstärkt sich jedoch der Eindruck, dass Vampir*innen einen Teil ihrer Monstrosität eingebüßt haben.[17] Gleichzeitig stellen die ihrer Existenz zugrunde liegenden Eigenschaften sie per definitionem als Monster bloß – selbst, wenn sie ihr Verhalten reflektieren und kontrollieren, sind sie von ‚Natur' aus etwas wirklich gewordenes Unmögliches. Was macht den*die Vampir*in in den Serien nun also noch zum*r Vampir*in und welche Bedeutung hat dies für die Geschichten? Für die Studie wurden nach erster Sichtung jeweils drei Episoden ausgewählt, deren entscheidende Sequenzen[18] intensiver untersucht wurden. Hierfür wurden vor allem Knut Hickethiers filmanalytische[19] Vorschläge zur Orientierung herangezogen, der damit auf die Konstruiertheit des medialen Produkts hinzuweisen versucht. Somit wurde nach Länge der Szene, Kameraeinstellungen und -bewegungen, Szenerie, Akustik und Hintergrundmusik, Lichtgebung, den beteiligten Figuren und ihrer Position zueinander, den Merkmalen der Metamorphose sowie der Dauer und Intensität dieser gefragt. Unterschwellige oder betonte Diskurse sind jedoch die Basis einer bestimmten Darstellung und eng in diese eingeflochten. Nach Foucault bilden sie in jeder Gesellschaft in ihrer Gesamtheit eine Ordnung von Wahrheit, die von Hegemonien und Wertungen

---

17 So haben etwa Filme wie *Interview with a Vampire*, *twilight* oder *only lovers left alive* dem*r Vampir*in erstmals neue Räume der Entfaltung gegeben, in denen er*sie sensibel, liebevoll und in irgendeiner Weise sozial eingebunden ›leben‹ darf.

18 Laut Otto Hügel ist eine Sequenz ein Stück, das »grafisch, räumlich, zeitlich, thematisch und/oder szenisch zusammenhängt und eine relativ autonome, in sich abgeschlossene Einheit bildet«, zitiert nach Buhl 2012, S. 151.

19 Anleitungen für eine spezifische Serienanalyse sind trotz wachsender Popularität dieser Form noch kaum aufzufinden, vgl. Hickethier 2012, S. 51–54 und S. 91.

geprägt ist[20], und gerade Ungezeigtes sagt viel über ein Phänomen und seine gesellschaftliche Stellung aus. Der zweite Fokus wurde daher in diskursanalytischer Annäherung auf folgende Aspekte gelegt: Gesprächsverlauf bezüglich der Metamorphose, Reaktion des*r Vampirs*in selbst, des Gegenübers sowie die erwartete Reaktion der Zuschauer*innen (deren Einschätzung über die eigene Wahrnehmung und das Gespräch mit anderen Serien-Konsument*innen interpretierend nachzuvollziehen versucht wurde), Positionierung und Dauer des Gestaltwechsels in der Szene und der Episode, Begründungen der Metamorphose und Auflösung der Szene. Dabei wurde stets angestrebt, auch das nicht Gezeigte wahrzunehmen und auf das Unausgesprochene in den Gesprächen der Figuren zu achten. Doppelte Selbstreflexion, sowohl als Forscherin als auch als Zuschauerin, war hierbei vonnöten. Eine größere Studie müsste selbstverständlich weitere Ebenen wie das Verständnis der Fangemeinschaften, den Einfluss früherer Medienerzeugnisse sowie den Einfluss auf nachfolgende mit einbeziehen.

Buffy the Vampire Slayer

Mit seinem Buffyverse schuf Joss Whedon 1997 eine Welt, die in neuem, Genregrenzen überwindenden Stil eine riesige Fangemeinschaft an sich band, wovon die Produktion von sieben Staffeln bis 2003 und einem Spin-Off in fünf Staffeln über den Vampir Angel[21] zeugt. Die 16-jährige Buffy Summers ist zur Vampir*innen- und Dämon*innenjägerin auserkoren worden und muss mithilfe ihrer Freunde sich selbst und ihre Mitmenschen beschützen. Vampir*innen, auch wenn sie im Titel besondere Beachtung finden, stehen in einer Reihe mit weiteren Dämon*innen und Fantasiegestalten.

20 Vgl. Ludewig 2017, S. 5.
21 Vgl. Wasserer 2008, S. 26.

Namenlose, für die Geschichte unwichtige Vampir*innen präsentieren der Kamera durchgehend ein Gesicht, dessen Stirnpartie wulstig überformt ist, sodass die grünlichen Augen klein und bösartig wirken. Der Mund ist leicht geöffnet, das Gebiss mächtig – nicht nur die Eckzähne sind lang und spitz, auch die Schneidezähne erinnern eher an ein Raubtier denn an einen Menschen. Diese Vampir*innen sprechen kaum, sie drücken ihre leicht abzulesenden Emotionen über ein Knurren oder löwenartiges Brüllen aus. Sie nehmen dieselbe Position ein wie zahlreiche weitere Dämon*innen, die als zu bekämpfende*r Feind*in stilisiert werden.

Für die Fragestellung von Interesse sind hingegen die Vampir*innen, die der Serie über längere Zeiträume erhalten bleiben. In den drei analysierten Episoden handelt es sich hier um die Figuren Angel, Spike, Drusilla und Darla, wobei rahmende und entscheidende Szenen aus den vorigen oder nachfolgenden Episoden zur besseren Einordnung ebenfalls mit einbezogen werden.

Angel wird von manch Wissenschaftler*in als der erste wirklich neue Vampir der Gegenwart bezeichnet.[22] Im Gegensatz zu Anne Rice's Figur Louis aus *Interview with a Vampire* von 1994, der trotz Selbstreflexion, Sensibilität und Schuldempfinden nicht in der Lage ist, Beziehungen zu Menschen einzugehen, gelingt Angel dies zumindest in Teilen[23]. Was ihn besonders macht, ist seine Seele, die er zur Strafe seiner grausamen Taten durch einen Fluch zurückerhält und die sich in ihm mit seinem dämonischen Wesen verbindet. Sie stellt sein Gewissen wieder her und macht es ihm unmöglich, Menschen anzugreifen und ihr Blut zu trinken. Dies führt nicht nur dazu, dass er und Buffy sehr bald Gefühle füreinander entwickeln[24], sondern auch zu einem ständigen Kampf gegen den eigenen, weiterhin bestehenden Blutdurst. Seine Metamorphosen werden daher in erster Linie durch den Kontrollverlust über seine Triebe ausgelöst. Das

---

22 Vgl. etwa Murphy in Parke/Wilson (Hrsg.) 2011, S. 57.

23 Ebd. S. 66, siehe Fußnote 6, S. 67.

24 … und er auch nach dem Ende der Beziehung weiterhin für Buffy da ist, sobald sie Unterstützung braucht.

geschieht erstmalig während des ersten Kusses mit Buffy (St. 1, Folge 7, Min. 14:27–16:47, Abb. 1). Angel weicht zurück, wendet sich ins Dunkel ab, ein ziehendes Geräusch ertönt, er dreht sich zurück ins Bild – und stiert Buffy aus grünen Augen, knurrend und mit geöffnetem Mund an. Sie kreischt, er flieht. Von dramatisch tönenden Streichern unterlegt, welche die harmonisch-weichen Kuss-Moment-Klänge ablösen, und von der Kamerafokussierung auf sein monströses Gesicht unterstützt, wird die Ambivalenz in Angels Person in dieser Sequenz stark inszeniert. Auch für den*die Zuschauer*in es das erste Mal, dass er*sie Angels Vampir-Dasein realisiert. Der innere Trieb des Vampirs scheint sich hier nicht auf die Nahrungsaufnahme zu beschränken, sondern auch sexueller Natur zu sein. Die Fassade des schönen Mannes, der optisch dem bürgerlichen Idealtypus des ästhetischen, möglichst unanimalischen Körpers entspricht[25], bricht vollkommen ein.

In derselben Episode folgt die nächste Metamorphose von Angel ebenfalls in einer Szene, in der Buffy als menschlicher Bezugspunkt fungiert und die Verletzung gesellschaftlicher Norm droht (Min. 24:49–28:19, Abb. 2). Angels ehemalige Vampirpartnerin Darla, durch und durch zufrieden mit ihrer Bösartigkeit, greift Buffys Mutter Joyce in deren Haus an und beißt sie in dem Wissen, dass Angel in der Nähe ist. Sie will ihn provozieren und Buffy dessen Monstrosität erneut vor Augen führen. Angel wird durch Joyces Schrei angelockt und von Darla mit dem laufenden Blut konfrontiert. Er versucht, gegen den inneren Trieb anzukämpfen, verliert jedoch die Kontrolle und verwandelt sich. Für den*die Zuschauer*in ist die Veränderung der Gesichtszüge durch seine Drehung des Kopfes nur zu erahnen. Knurrend, Zähne fletschend und züngelnd ist er nicht mehr Herr seines (menschlichen, d. h. hier kontrollierten) Selbst und kurz davor, Joyce auszusaugen. Ihre Tochter kann sie gerade noch rechtzeitig davor bewahren.

Darlas Metamorphose ist hingegen nicht sichtbar. Sie tritt anfangs, nur für den*die Zuschauer*in zu sehen, bereits in Vampirinnengestalt vor die Haustür, spricht dann in Menschengestalt mit Joyce, um nach einem Ka-

25 Vgl. Schumacher in: Dwelling/Harbusch (Hrsg.) 2015, S. 33.

Abb. 1 *Buffy*, Staffel 1, Folge 7, Min. 16:14–16:24.

Abb. 1 *Buffy*, Staffel 1, Folge 7, Min. 16:14–16:24.

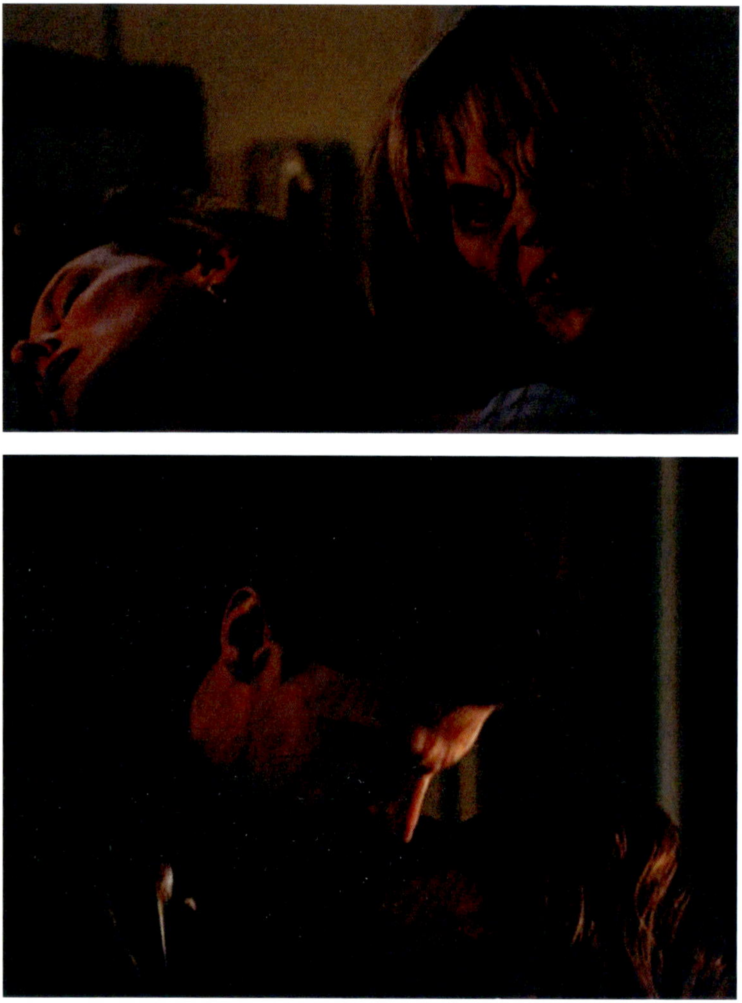

Abb. 2 *Buffy*, Staffel 1, Folge 7, Min. 27:07–27:37

Abb. 2 *Buffy*, Staffel 1, Folge 7, Min. 27:07–27:37

meraschnitt wieder in verwandelter Gestalt hinter dieser zu stehen. Dadurch tritt ihr spielerisch-böser Charakter überdeutlich zutage.[26] Gleichzeitig zeigt sich hier ihre Fähigkeit, dem Geruch von Blut zu widerstehen, denn sie lässt Angel mit der blutenden Mutter allein. Auch in keiner anderen Situation wird ihre direkte Metamorphose gezeigt, da Darla sich der dunklen, dämonischen Seite in sich hingibt und ihre menschliche Fassade lediglich zum Erreichen ihrer Ziele einsetzt.

Eine letzte Szene derselben Episode soll Angels Charakterisierung in Verbindung mit seinen Metamorphosen verdeutlichen (Min. 32:22–38:56, Abb. 3). Als Buffy ihn kampflustig in einem dämmrigen Clubraum aufsucht, wird er zunächst in Vampirgestalt gezeigt. Dabei bewegt er sich in den dunklen Ecken des Raums, springt mit unmenschlicher Stärke auf eine erhöhte Zwischendecke und knurrt. Als Angel und Buffy sich gegenüberstehen, hält die Kamera auf sein Gesicht – auch, als er die Metamorphose rückgängig macht. Er ist in der Lage, sein Inneres zu beruhigen, um sich im Gespräch mit Buffy auf ihre Ebene zu begeben und symbolisiert ihr damit ein Annähern. Die optisch erkennbare Verwandlung ist das Zeichen für die zurückerlangte Kontrolle seiner Seele. Es zeigt sich eine Ambivalenz, die den Charakter die gesamte Serie hindurch ausmacht.

Der Vampir Spike erscheint den Zuschauer*innen zunächst als konträr zu Angels entworfener Figur. Dies spiegelt sich auch in seinen Metamorphosen wider. Er tritt als Bösewicht mit seiner Vampirpartnerin Drusilla in die Erzählung ein. Seine Metamorphosen sind nicht an Kontrollverlust geknüpft, weil er sich nicht kontrollieren *möchte*. Stattdessen unterstützen sie die Ausgestaltung seines Charakters. In Staffel drei, Folge acht (Min. 3:08–4:08, Abb. 4) begibt er sich, in Menschengestalt und zutiefst betrübt in das ruinöse Gebäude, das er vor der Trennung von Drusilla mit ihr bewohnte. Alkoholisiert streunt Spike durch das verbrannt aussehende Schlafzimmer und trauert. An einem mit nackten, verkohlten Puppen

26 Passenderweise verläuft der Dialog wie folgt: Joyce: »Would you like something to eat?« Darla: »Yes, I would!« Daraufhin Joyce: »Let's see what we have. Would you like something little or something big?«, Darla antwortet, grinsend und in Vampirgestalt: »something … big!« St. 1, Folge 7, Min. 25:03–25:15.

Abb. 3 *Buffy*, Staffel 1, Folge 7, Min. 33:22–33:31

Abb. 4 *Buffy*, Staffel 3, Folge 8, Min. 3.45–3:55

bedeckten Tisch macht er halt, nimmt eine der Puppen in die Hand und fragt sich laut, weshalb die Puppenliebhaberin Drusilla ihn verlassen hat – dann wandelt sich sein Gesicht. Er wirft die Puppe auf den Boden und zertrümmert sie, während er wutentbrannt weiter lamentiert. Das Empfinden offenbar menschlicher Trauer wird von unkontrollierter Aggression verdrängt, was über die optische Metamorphose visualisiert wird.

Genauso kann Spike seine Metamorphose auch geplant zur wortwörtlichen Demonstration seines Selbst anwenden. In Staffel fünf, Folge sieben erzählt er Buffy von seiner Vergangenheit. Auf ihre Frage, wie er es geschafft habe, Dämonenjäger zu töten, antwortet er: »A slayer must always reach for her weapon«, lässt sein Vampirgesicht erscheinen und fährt fort »I've already got mine« – wobei selbst die erfahrene Buffy noch zusammenzuckt – um sich direkt wieder zurückzuverwandeln (Min. 21:50–22:55, Abb. 5). Er kommt ihr in dieser Situation sehr nah und greift ihren Arm. Die Kamera filmt ihn dabei aus erhöhter Position. Dadurch wird auch hier der Vampir als Grenzwesen gekennzeichnet, jedoch in anderer personifizierter Weise als bei Angel. Spike ist dem Menschlichen überlegen und wird dadurch zur Bedrohung.[27]

In diesem Kontext wird auch eine Metamorphose Drusillas dargestellt (Min. 15:01–17:48, Abb. 6). In Spikes Erzählung erlöst sie ihn als Mensch von seinem unglücklichen Leben. Sie spricht zunächst in Menschengestalt, bietet ihm die Verwandlung an und zeigt nach seiner Annahme ihr monströses Gesicht, worauf er nur mit einem erstaunten Blick reagiert. Die Metamorphose-Szene ist wärmer beleuchtet, die Streichermusik ein wenig zarter als üblich und obwohl die Merkmale dieselben sind, erscheint Drusillas Gesicht weicher und ihr Blick weniger bösartig. Erst beim Biss wird die Musik dramatischer. Das Monster in ihr vollbringt hier eine ›gute‹ und von der Gegenseite erlaubte Tat, auch wenn sie in der Serie normalerweise auf der Seite der ›Bösen‹ einzuordnen ist. Hier wird

---

27 Zu diesem Zeitpunkt hat sich Spikes Charakter bereits gewandelt. Aufgrund eines eingepflanzten Chips, der ihn daran hindert, Menschen anzugreifen, ist er in seiner Monstrosität beschränkt. In der sechsten Staffel beschafft er sich aus Liebe zu Buffy seine Seele wieder, wodurch seine Figur befriedet wird.

Abb. 5 *Buffy*, Staffel 5, Folge 7, Min. 22:22 – 22:33.

Abb. 5 *Buffy*, Staffel 5, Folge 7, Min. 22:22 – 22:33.

Abb. 6 *Buffy*, Staffel 5, Folge 7, Min. 7:19–17:30.

sie ansonsten nie in direkter Metamorphose gezeigt, sondern entweder in menschlicher oder monströser Gestalt, wobei sie als Nebenfigur selten in direkter Aktion in Erscheinung tritt und in erster Linie als Partnerin des anfänglich bösen Spike auftaucht. Hier wäre der Blick auf das Spin-off *Angel* interessant, in dem Drusilla eine größere Rolle nach ihrer Trennung von Spike spielt.

Der Wechsel zwischen den Kategorien Mensch und Monster wird in dieser Serie optisch und akustisch stark hervorgehoben und ist bis auf wenige Ausnahmen an sich und im Verlauf der Szenen von vergleichsweise langer Dauer. Monströses und menschliches Handeln wird über die Metamorphose markiert und bedeutet einen eindeutigen Wechsel zwischen den ›Selbsten‹.

being human

Auf dem internationalen Serienmarkt fand die Serie *being human*, die von 2008 bis 2013 auf dem englischen Sender BBC lief, wenig Beachtung. Dennoch spricht ihre Laufzeit sowie die Produktion einer amerikanischen Schwester-Serie für ihre Popularität. Der Vampir John Mitchell, der Werwolf George und der Geist Annie leben in einer Wohngemeinschaft in Bristol und versuchen, ein normales Leben zu führen, wobei jeder von ihnen gegen die ihnen typischen Eigenschaften ankämpft und andere Figuren ihrer Art immer wieder für Probleme sorgen.

Mitchell bemüht sich nach jahrhundertelangem Ausleben seiner monströsen Triebe, diese zu unterdrücken und scheitert regelmäßig.[28] So wird bei der Vorstellung der Hauptfiguren in der ersten Folge gezeigt, wie er seine Affäre Lauren (St. 1, Folge 1, Min. 1:56–2:21, Abb. 7) während des Ge-

28 Blut ist in der Serie das zentrale Vampirismus-Motiv und besudelt, auch im übertragenden Sinne, die Räumlichkeiten, in denen die Verletzung von Ethik und Moral stattgefunden hat, ohne dass jedoch Tötungen und langwierige Kämpfe selbst gezeigt würden.

Abb. 7 *being human*, Staffel 1 Folge 1, Min. 2:06–2:14.

schlechtsaktes beißt. Mitchell wird dabei quasi mitten im Geschehen von seinem inneren Dämon überwältigt, der unkontrollierbaren Trieb symbolisiert. Sein Kopf befindet sich an ihrem Hals, er hebt ihn an, blinzelt und beim erneuten Öffnen sind seine Iriden nahezu schwarz, seine geöffneten Lippen werden zum Rahmen der plötzlich erkennbaren spitzen Eckzähne. Mitchell beißt direkt zu, eine Verhinderung des Übergriffs ist ab dem Moment der Metamorphose keine Option mehr. In dieser Serie wird die Bedeutung des Seh-Sinns für die Konstruktion des Monströsen deutlich: Verdunkeln sich die Augen des*r Vampirs*in, ist den Zuschauer*innen der Blick in diese verwehrt. Als Spiegel der Seele, wie es im Volksmund heißt, verraten die veränderten Augen hier die Unlesbarkeit der Identität dahinter. Sie finden sich seit dem 19. Jahrhundert in vielen Werken als charakteristisches Merkmal des*r Vampirs*in, deren Unergründlichkeit auf eine fremde Macht in seinem*ihrem Wesen anspielt.[29]

Damit Lauren nicht stirbt, verwandelt Mitchell sie in eine Vampirin, doch sie leidet unter den Folgen und ihrem unstillbaren Durst nach Blut. Zwei Episoden später wird verdeutlicht, dass sich der visuell dargestellte Grenzübertritt der *being human*-Vampir*innen nicht nur im Kontrollverlust äußern kann: Lauren sucht Mitchell in einem verlassenen Gang seines Arbeitsplatzes, einem Krankenhaus, auf und bittet ihn, von seinem Blut trinken zu dürfen, um keine weiteren Menschen umzubringen (St. 1, Folge 3, Min. 21:44–23:38, Abb. 8).[30] Da er sich für sie verantwortlich fühlt, willigt Mitchell ein und schneidet sich in den Arm. Er behält also die Kontrolle, lässt Lauren nicht einfach zubeißen. Diese hockt neben ihm, lediglich ihre Mundwinkel zucken in Erwartung des Blutes, dann beugt sie sich über den Unterarm und trinkt. Mitchell lehnt den Kopf an die Wand, die Kamera fokussiert sein frontal in die Kamera ausgerichtetes, zitterndes Gesicht – und zeigt, wie sich nach starkem Blinzeln

29 Vgl. Brittnacher 1994, S. 135.

30 Dass auch Vampir*innen fließendes Blut haben, das durchaus trinkbar ist und einen auf Freiwilligkeit aufbauenden Kannibalismus ermöglicht, ist ein weiteres spannendes Motiv des neuen Vampirismus, der insgesamt seine alten Grenzen unterläuft.

Abb. 8 *being human*, Staffel 1 Folge 3, Min.23:19–23:35.

Abb. 9 ***being human***, Staffel 1, Folge 3, Min. 41:41.

und schwererem Atmen *seine* Augen verdunkeln. Offenbar fungiert die optisch erkennbare Veränderung, nicht mehr gebunden an die gleichzeitige Veränderung des Gebisses, als Symbol für eine vampirische Handlung. Andererseits könnte selbst das eigene Blut eine Verführung darstellen, die das Monstrum in Mitchell an die Oberfläche holt, ohne dass zumindest bei ihm selbst die ursprünglichste Eigenschaft des*r Vampirs*in tatsächlich ihre Auslebung findet. Vermutlich soll die Metamorphose der Augen eine ähnliche Funktion erfüllen, als Mitchell in derselben Episode für Lauren Blutkonserven aus einem Kühlschrank des Krankenhauses stiehlt (Min. 41:20–41:52, Abb. 9). Er schaut auf die Beutel, blinzelt, die Augen werden dunkel, wobei die Veränderung von einem leisen, technisch-sirrenden Geräusch begleitet wird.[31] Dann schaut er zum erleuchteten Türrahmen und seine Augen normalisieren sich. Lediglich der*die Zuschauer*in sieht diese Veränderung, als müsse ihm*ihr das Vampirische der Tat noch verdeutlicht werden.

31 Dieses Geräusch ist in den untersuchten Folgen nur zu hören, wenn der*die Vampir*in sich in einem relativ ruhigen Zustand befindet.

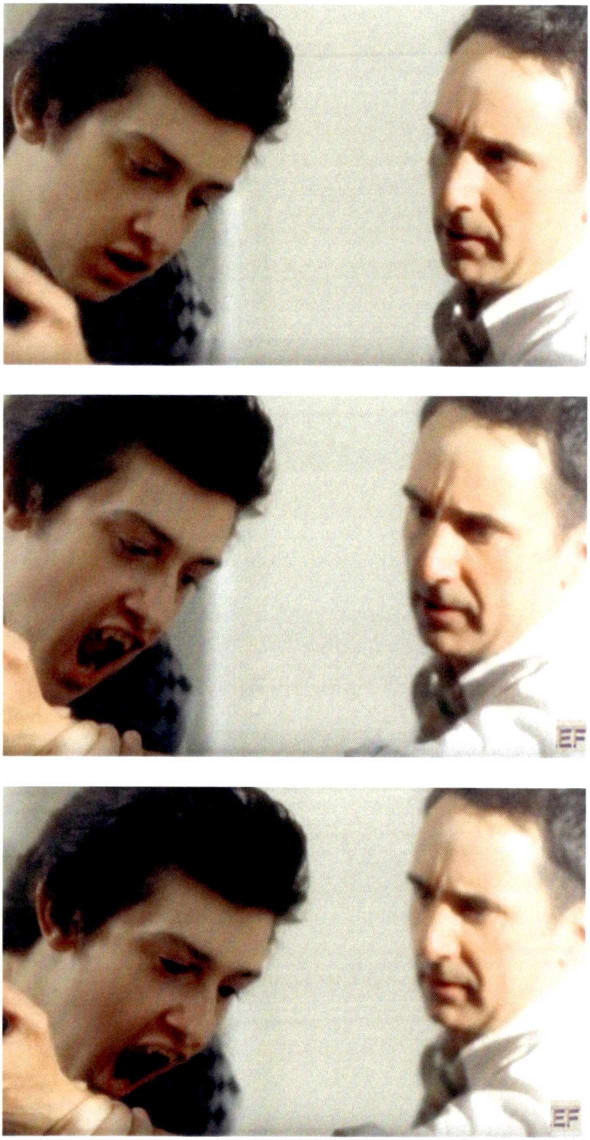

Abb. 10 *being human*, Staffel 3, Folge 2, Min.1:22–1:25.

Dass auch in *being human* die monströse Seite der Vampir*innen vor allem im Falle der unerwarteten Sichtbarwerdung stark inszeniert wird, zeigt sich in Staffel drei, Episode zwei (Min. 1:22–1:25, Abb. 10). Diese handelt vom jungen Vampir Adam, der weiterhin bei seinen Eltern lebt. Sie akzeptieren seine Andersartigkeit und lassen ihn ihr Blut trinken. In einem Rückblick in ein früheres Jahrzehnt wird gezeigt, wie der Vater geschäftig im Wohnzimmer Umzugskartons packt[32] und die Mutter aus der Küche heraus durch die Durchreiche ihren daneben stehenden Sohn beobachtet, während aus dem Retro-Radio eine eingängige Melodie dudelt. Adam äußert, er sei hungrig. Sein Vater krempelt sofort den Ärmel hoch, trotz Adams Einwand, es sei »mom's turn«. Dann setzt sich Adam auf die plüschige Couch, sein Vater kniet sich neben ihn, Adam hält dessen Arm und für eine Sekunde inne. Zunächst öffnet er den Mund, wobei die Zähne bereits spitz sind, dann schließen sich die Augen, das bereits bekannte technische Surren ertönt, die verdunkelten Augen öffnen sich, ehe sich Adams Zähne im Arm versenken. Die Ruhe und, durch den tränenverschleierten Blick der Mutter fadenscheinige, Gewöhnlichkeit dieser Familiensituation spiegelt sich in der Metamorphose wider: Adam ist fähig, sie kontrolliert ›einzuschalten‹, vergleichbar mit einem Gebiss, das eingesetzt werden muss, um in einen Apfel beißen zu können.

Dieselbe Situation der Vater-Sohn-Hilfe wird in einer späteren Szene gegenteilig inszeniert (Min. 4:26–4:28, Abb. 11). Adam trinkt viele Jahre später noch immer das Blut seines inzwischen gealterten Vaters, auch als dieser sich bettlägerig im Krankenhaus befindet. Nina, Ärztin und Freundin des Werwolfs George, betritt das Patientenzimmer, schaut hoch und das Bild wird auf Adam, der am Bett seines Vaters sitzt, geschnitten. Das Geräusch eines Bisses erklingt, dann dreht er sich hektisch zur Kamera und zu Nina um. Erst sieht man nur das triefende Blut; dann fletscht er die Zähne und faucht, wobei sich die Augen verdunkeln. Bevor er aufspringt und aus dem Raum flieht, setzen hohe Streichertöne ein. Auch in dieser Szene zeigt sich, dass Augen- und Zähnemerkmal nicht

32 Die Familie muss umziehen, weil den Nachbarn aufzufallen beginnt, dass Adam nicht altert.

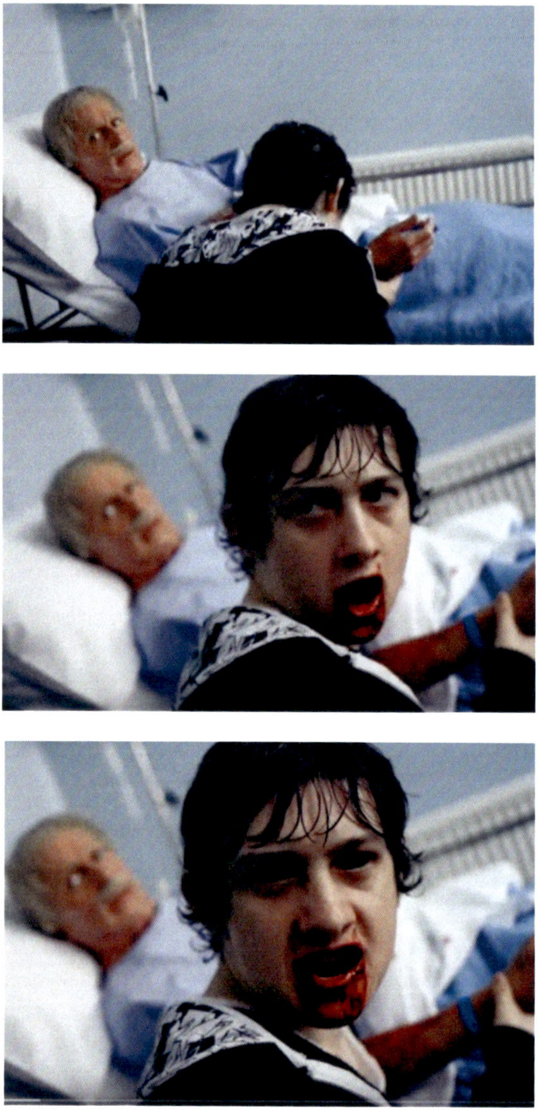

Abb. 11 *being human*, Staffel 3, Folge 2, Min. 4:26–4:28.

automatisch miteinander einhergehen. Dennoch vereinen sich in diesem Moment alle klassischen Motive des monströsen Vampirs, der entdeckt und unterbrochen wird und darauf mit einer Drohgebärde reagiert. Mithilfe von Musik und Kameraführung werden diese Merkmale ebenso klassisch zur Erscheinung gebracht. Der Vampir bricht an dieser Stelle in die menschlich organisierte Ordnung des Krankenhauses ein, er saugt dem Vater das Leben aus an einem Ort, der ihn heilen soll, und kann vor diesem Hintergrund in seiner grenz- und ordnungsübertretenden Art stilisiert werden.

Auch in dieser Serie eignet sich der Wechsel zwischen menschlicher und monströser Identität, um dem*r Vampir*in als Instrument zum Erreichen eines Effekts oder Ziels zu dienen. Hal Yorke, der Mitchell nach dessen Tod in der dritten Staffel als Vampir-Protagonist ablöst, sieht sich in Staffel vier, Episode vier mit einem unbekannten vampirischen Widersacher konfrontiert, der sich menschlicher Hilfskräfte bedient, indem er sie und das Leben ihrer Familie bedroht, wenn sie ihm nicht gehorchen. Um dessen Identität herauszufinden, sucht Hal die unfreiwillige Helferin Jenny auf (Min. 26:12–28:19, Abb. 12). Zunächst in einem belebteren, helleren Flur und nach einem kurzen Fluchtversuchs vonseiten Jennys in ein schummriges Treppenhaus setzt er sie, begleitet von unterschwelligen, tiefen Klängen, unter Druck und weiß sich schließlich nicht anders zu helfen, als seine Monstrosität zur Schau zur stellen. Er presst sie an die Wand und mit den Worten »Was he like me?« präsentiert er fauchend sowohl seine spitzen Eckzähne als auch die plötzlich verdunkelten Iriden. Die Kamera filmt ihn von unten, er ist in der erhöhten und mächtigeren Position, jedoch lediglich für zwei Sekunden. Dann stößt Jenny ihn aufjaulend von sich fort und befreit sich damit aus ihrer Lage, um die bezeichnenden Worte zu sprechen: »You terrorize people! You destroy them! You make them so scared that they can't function!« Hal, der sich nun ans gegenüberliegende Treppengeländer klammert, stammelt zwei Entschuldigungen und flüchtet. Auch wenn hier über die bekannten akustischen und visuellen Strategien eine Atmosphäre geschaffen wird, die den Vampir in seiner alles bedrohenden Art inszeniert, reicht seine bewusst hervor-

Abb. 12 *being human*, Staffel 4, Folge 4, Min. 27:55–27:57.

gerufene Metamorphose nicht mehr aus, um die Ordnungen tatsächlich einbrechen zu lassen – vermutlich auch, weil Jenny bereits einen weiteren Vampir kennt. Sie ist trotz des Schocks fähig, das Gesehene schnell wieder einzuordnen, wodurch das Monstrum in Hal seine chaotisierende Kraft verliert.

Die Vampir*innen in dieser Serie sind eine Wesensart unter mehreren und erhalten dementsprechend in weniger Episoden die volle Aufmerksamkeit. Metamorphosen sind dabei nicht zwangsläufig an die Erzählungen um die Vampir*innen geknüpft. Stattdessen wird eher die Problematik ihrer Existenz in der Menschenwelt auf inhaltlicher Ebene diskutiert. So sieht sich vor allem Mitchell mehrmals anderen ›bösen‹ Vampire*innen als Vertreter und Beschützer seiner menschlichen Umwelt gegenüber, mitunter über ganze Episoden hinweg, ohne dass optische Metamorphosen gezeigt werden, obwohl über diese Unterschiede zwischen Mitchell und den anderen markiert werden könnten. Sie treten quantitativ gesehen in den Hintergrund, selbst wenn das Narrativ vom Vampirismus weiterhin die Serie durchzieht, und sind im Vergleich zu *Buffy* schneller und kürzer.

Shadowhunters

Die 2016 gestartete amerikanische Serie basiert auf der Jugendbuchreihe *the mortal instruments* von Cassandra Clare, die ihre junge und vor allem weibliche Zielgruppe begeisterte und schon 2013 Stoff für einen Kinofilm bot. Die New Yorkerin Clary Fray erfährt an ihrem 18. Geburtstag von den Shadowhunters, einer institutionell operierenden Gruppe von Dämon*innenjäger*innen, die die nichts ahnende Bevölkerung der Stadt vor der parallel existierenden Unterwelt schützen und denen sie von nun an angehört. Dabei geht allerdings auch innerhalb der Institution nicht alles mit rechten Dingen zu und zahlreiche andere Wesen wie Elb*innen, Hexenmeister*innen, Werwölf*innen und auch Vampir*innen unterstützen sie im Kampf gegen das ›wirklich‹ Böse, das sich hinter Jedem und Jeder verbergen kann. Da die dritte Staffel der Serie derzeit noch gedreht wird, boten sich für eine Analyse weniger Episoden an und beschränkt sich das Forschungsinteresse vor allem auf die Vampire Simon Lewis, zu Beginn Clarys vorerst noch menschlicher, bester Freund, und Raphael Santiago, der dem Vampir*innenclan der Stadt angehört.

Immer noch spielt der Moment der Sichtbarwerdung des Monströsen eine entscheidende Rolle in der Inszenierung der Metamorphose. Simon wird nach einer tödlichen Verletzung in Staffel eins, Episode acht von Raphael verwandelt, weil Clary ihn nicht verlieren möchte. Stark auf bekannte Motive aufbauend, wird er nach dem Biss in einem Sarg auf dem Friedhof begraben und gräbt sich Stunden später, als Untoter, zurück an die Oberfläche, wobei bereits seine spitzen Zähne zu sehen sind und sein Atmen verzerrt klingt (Min. 36:30–38:14, Abb. 13). Die Kamera fokussiert ihn, als er knurrend auf die verängstigte, ihn erwartende Clary blickt und sie anfaucht. Dann stürzt er sich aus der Erde auf die vor ihn geworfenen Blutkonserven und schlingt in tierischer Manier die Flüssigkeit herunter. Raphael, von nun an zunächst so etwas wie Simons Aufpasser, steht gelassen daneben, ihm scheint der Geruch des Bluts an dieser Stelle keine Schwierigkeiten zu bereiten.

Anders verhält es sich, als er selbst in den Fokus der Geschichte rückt. In Staffel zwei entsteht zwischen ihm und der Dämonenjägerin Isabelle Lightwood, genannt Izzy, eine Abhängigkeitsbeziehung, aus der später Gefühle erwachsen. Izzy verzehrt sich nach dem beim Vampir*innenbiss übertragenen Venom und sucht in Episode acht nach Möglichkeiten, ihre Sucht zu befriedigen. In einer kalt beleuchteten Gasse gerät sie dabei an eine Gruppe von Blutsauger*innen, die sie bedrängen und deren Wortführerin schnell deutlich macht, dass Izzys Vorschlag eines Flüssigkeitenaustauschs für sie tödlich enden wird (Min. 0:56–3:09, Abb. 14). Beim Sprechen sind ihre spitzen Eckzähne sichtbar, ebenso bei den stummen umher stehenden Kumpanen. Diese Vampir*innen, wir erinnern uns an Darla aus *Buffy*, hinterfragen ihr Vampir-Dasein nicht und spielen mit ihrer Beute, bevor sie sie anfallen. Raphael kann Izzy gerade rechtzeitig vor seinen Artgenossen retten und willigt anschließend ein, sie zu bei-

Abb. 13 *shadow hunters*, Staffel 1, Folge 8, Min. 37:28–37:50

Abb. 14 *shadow hunters*, Staffel 2, Folge 8, Min. 1:28.

ßen. Obwohl er kontrolliert handelt, wird seine Entscheidung effektvoll inszeniert: Als Izzy ihr Handgelenk freilegt, fixiert die Kamera Raphael, seine Lippen zucken, er wendet sich kurz ab, richtet sich schließlich kurz vor dem Biss mit den Worten »forgive me« an den Nachthimmel über ihm, fletscht die Zähne und gräbt sie in ihr Fleisch (Abb. 15). Doch über die Kameraführung wird diese augenscheinlich gewordene Monstrosität gleichzeitig ins Wanken gebracht. Izzy liegt in freiwilliger Ergebenheit auf einem Auto und in Raphaels stützendem Arm, sie sind sich nah und werden nun im selben Bild und aus erhöhter Perspektive gezeigt. Die instrumentale Unterlegung ist düster, aber ruhig. Das Monster mit den Fangzähnen wird hier zum zweifachen Retter in der Not. Eine zweite Szene in derselben Folge läuft nahezu gleich ab. Bemerkenswert ist die Offenbarung von Raphaels Asexualität in einer späteren Folge, womit Raphaels Monstrosität in kaum einer Kategorie überhaupt zum Tragen kommt. Er hat zwar Gefühle für Isabelle, hegt jedoch kein Interesse an Geschlechtsverkehr. Auch als Simon und Clary eine Beziehung beginnen, haben sexuelle Handlungen keinen Einfluss auf das Herausbrechen der vampirischen Merkmale. Während bei Angel und John Mitchell sexuell

Abb. 15 *shadow hunters*, Staffel 2, Folge 8, Min. 2:53–3:06.

aufgeladene Situationen zum Ausbruch ihrer Monstrosität führen und damit für ihr Wesen Sexualität mit Triebhaftigkeit und verlorener Kontrolle gleichgesetzt wird, ist diese Verbindung in *Shadowhunters* zumindest bei den beiden Hauptvampiren nicht statuiert.

Von klar erkennbaren Metamorphosen und Rückverwandlungen ins menschliche Antlitz kann in *Shadowhunters* in der Regel keine Rede mehr sein, da die beschriebenen Szenen die einzig auffindbaren sind. Gerade Simon, als eine der Hauptfiguren, zeigt sich, nachdem er seine ›neue‹ Existenz akzeptiert hat, nicht ein einziges weiteres Mal direkt als Vampir und ist auch in seiner Persönlichkeit derselbe wie zuvor, ebenso wie Raphael selbst als Vampir noch gläubig ist. Die spitzen Eckzähne, das einzige erhalten gebliebene Merkmal, bahnen sich zumeist bei älteren Vampir*innen und scheinbar willkürlich bzw. geplant in Gesprächen ihren Weg, ohne dass dem*der Zuschauer*in deutlich würde, zu welchem Zweck. Er*Sie und auch das Serien-Gegenüber, weiß selten genau, wann der*die Vampir*in aus der personalisierten Figur spricht und wann der Mensch, weil die Zähne manchmal hinter den Lippen nur zu erahnen sind. Am eindeutigsten treten sie, neben den beschriebenen Szenen, innerhalb bestimmter Figurenkonstellationen in Erscheinung. So werden dadurch, zum Beispiel in Konfrontation mit Werwölf*innen, die unterschiedlichen Fronten markiert.

Hybridität – ein Schlüsselwort der Gegenwart

»Wenn Identitäten und Alteritäten sich gegenseitig bedingen und konstituieren, so kann nicht nur von dichotomischen, sondern muß [sic!] auch von hybriden Modellen ausgegangen werden«[33]. Markierungen und Ausgrenzungen des Anderen gehörten über einen langen Zeitraum hinweg zu gängigen Praktiken der Identitätsherstellung und -absicherung. Das

33 Vogel/Napp in Vogel et al. (Hrsg.) 2003, Würzburg, S. 8.

Ambivalente und Fremde löste Angst vor einem Kontrollverlust aus[34], wo man nach Einheit und Sicherheit suchte. Die in der Moderne in Gang gesetzte Auflösung traditionaler Bindungen und Infragestellung bisher anerkannter Kategorien forderte diese Vorstellung allerdings zunehmend heraus[35] und Sozialpsycholog*innen formulierten die Theorie multipler Identitäten, nach der ein einheitliches Selbst als Identitätszwang verstanden und nicht mehr als Ent-, sondern sogar als Belastung empfunden wird.[36] In widersprüchlichen Alltagswelten, die ständige Identitätsarbeit und Entscheidungen erzwingen, müsse auch in Identitäten Widersprüchliches nebeneinander bestehen.[37] Postmoderne Theoretiker*innen wie Frederic Jameson oder Michel Foucault rüttelten in den 1980er Jahren immer selbstbewusster an veralteten Strukturen und verwiesen auf die prinzipielle Offenheit und Prozesshaftigkeit von Subjekt, Gemeinschaft, Identität: Man befinde sich in einer Phase eben jenes Kontrollverlusts, in der das Subjekt zerbrochen, Vielperspektivität und die Gleichzeitigkeit von eigentlich sich Ausschließendem sichtbar geworden sei.[38]

Damit wird eine kollektive Grenzziehung zu einem Äußeren, einer tabuisierten Zone, schwieriger[39] und Bereiche der Mischung rücken in den Fokus der Aufmerksamkeit. Sie begründen ein gegenwärtiges Schlüsselwort: die Hybridität. Andreas Reckwitz bezeichnet damit die »nicht exzeptionelle, sondern verbreitete, ja regelmäßige – Kopplung und Kombination unterschiedlicher Codes *verschiedener* kultureller Herkunft in *einer* Ordnung des Subjekts«[40], wobei Differenzen und Scheitern der Identität diese mitgestalten würden. Das Hybride setzt jedoch das Erkennen der sich mischenden Bereiche voraus. Unsere Gesellschaft ist weiterhin über

34 Vgl. Keupp in Keupp/Bilden (Hrsg.) 1989, S. 17.
35 Ebd., S. 15 und Keupp in ebd., S. 53.
36 Vgl. Bilden in ebd., S. 44.
37 Vgl. Keupp in ebd., S. 61–63, und Bilden in ebd., S. 21.
38 Vgl. Vgl. Sieber 2001, S. 149.
39 Vgl. Keupp in Keupp/Bilden (Hrsg.) 1989, S. 11.
40 Zitiert nach Neuhaus 2007.

binäre Unterscheidungen organisiert, deren Gültigkeit aber entschärft wird und Mischformen zulässt.[41]

Ein Monster wie der*die klassische Vampir*in, das als Wesen jenseits klarer Ordnungen das Weltbild des ordnenden und aufgeklärten, bürgerlichen Menschen bedroht und dessen selbstverständlicher Tod am Ende der Geschichte die Ordnung und Norm wiederaufrichtet[42], funktioniert in einer gewandelten Gesellschaft nicht mehr. Neue Vampir*innen entscheiden selbständig, was sie aus ihrem Vampir*innen-Dasein machen und ob sie damit tatsächlich moralische Normen bedrohen. Entsprechend rückt die audiovisuelle Präsentation ihrer Monstrosität neben der Kommunikation und Diskussion in der Gemeinschaft, in die sie neuerdings eingebunden sind, in den Hintergrund. Als personalisierte Individuen sind sie ebenso von ihren Entscheidungen abhängig wie das spätmoderne Individuum generell.[43] Der mit der Metamorphose einhergehende scheiternde, objektive Blick hat im Zuge der dargestellten Erkenntnisse ebenso wie einfache Monsterstilisierungen auf Basis der Tabuisierung des Anderen seine Wirkungskraft verloren, auch wenn die Verletzung des Naturgesetzes einer körperlichen Eindeutigkeit im Gestaltwechsel weiterhin problematisch in Erscheinung tritt.

Schlussbetrachtung

In den drei untersuchten Serien gibt es kaum mehr *den*die* stereotypisierte*n Vampir*in. In *Buffy* besteht noch ein deutlicher Kontrast zwischen dauerhaft monströsen und wichtigeren, individualisierten Vampir*innen. Die Grenzposition der Vampir*inprotagonist*innen trägt entscheidend zu ihrer Charakterisierung bei, weshalb die Metamorphose an sich und innerhalb der Szene länger andauert und über akustische und visuelle Merk-

41 Vgl. Schneider in: Thomsen (Hrsg.) 1994, S. 9.
42 Vgl. Brittnacher in Begemann et al. (Hrsg.) 2008, S.371 und S. 384–385.
43 Vgl. Keupp in Keupp/Bilden (Hrsg.) 1989, S. 15.

male sowohl an der Figur selbst als auch filmtechnisch stark inszeniert wird. Die Vampir*innen in *Shadowhunters* können hingegen als Hybride bezeichnet werden, die selbstbewusst im ›sowohl-als-auch‹-Zustand agieren und deren Grenzübertritt fließend verläuft. Die Serienweltkonzepte spielen allerdings eine nicht zu unterschätzende Rolle – so können auch die Vampir*innen in *being human* ihre Metamorphose selbständig aktivieren und sie bedeutet nicht zwangsläufig ein Einbrechen der Ordnungen. Alle Charaktere hadern jedoch in ihrem Versuch, in einer vollkommen normalen menschlichen Welt zu bestehen, stärker mit ihrer Existenz und ihrer dämonischen Seite, weshalb das Monströse in ihnen negativer beladen ist. In allen Fällen lässt sich aber keine definite Zuordnung zu Mensch und Monster, Gut oder Böse mehr treffen[44], wodurch einer effektvollen Metamorphose insgesamt inhaltlich der Boden entzogen und sie abhängig von der jeweiligen Charakterisierung und Figurenkonstellation wird. In Zeiten, in denen Theorien der multiplen Identitäten und Hybridität die Vorstellung eines einheitlichen Selbst ablösen, kann eine Reduktion auf Eigenes und Fremdes innerhalb einer Figur als Argument für dessen Bösartigkeit sowieso nicht mehr ausreichen. Gleichzeitig greifen die Produzent*innen für die Metamorphose weiterhin oft auf bekannte filmische Mittel wie Schatten, dramatische Musik, Kameraeinstellungen und historisch gewordene Vampir*innenmotive zurück und ästhetisieren sie. Begreift man den Diskurs über das Monströse des*r Vampirs*in im zeitlichen Fluss, verbinden sich in Serienvampir*innen alte Inszenierungsweisen und klassische Elemente mit gegenwärtigen Strömungen.

Interpretationsvorschläge wie der meiner Arbeit müssen als anfechtbar verstanden werden und beanspruchen keine Deutungshoheit.[45] Ich

---

44 Vgl. Werthschulte/Selimović in Gebhard et al. 2009, S. 247.

45 Zu überprüfen wäre sie etwa in Bezug auf entgegengesetzte Thesen einer Normierung der Vampir*innen, die ihr Selbst immer stärker regulieren und nur darüber in ein menschliches System integrierbar sind, und nicht zuletzt auf finanzielle Möglichkeiten einer Medienproduktion zur Darstellung der Vampir*innen und dem Zwang von Serien, wandelbare Charaktere zu entwickeln, die dem*der Zuschauer*in gemäß ihrer Unabgeschlossenheit laufend Anreize geben. Zudem gibt es parallel weiterhin Medienprodukte, in denen Vampir*in-

möchte dennoch provokativ die Hybridität der Serienvampir*innen als Produkt einer Gesellschaft verstehen, in der einfache Erklärungen und Oppositionen angezweifelt werden und die Widersprüche zu akzeptieren beginnt, was Auswirkungen auf die Vorstellung von Monstern haben *muss*. In einer Gesellschaft, in der das Maß der Mitte kein Ideal mehr ist und in der durch die kulturelle Aufwertung von Dynamik, Risiko und Selbstverantwortung die Attraktivität von Grenzbereichen zunimmt[46], wird das Monster dennoch nicht so schnell verschwinden – die Frage ist nur, inwiefern Vampir*innen noch als solche gelten können.

Literatur- und Quellenverzeichnis

Bartz, Christina, und Krause, Marcus (2007): Einleitung. In: Dies. (Hrsg.): Spektakel der Normalisierung. Paderborn, S. 7–24.

Begemann, Christian et al. (2008): Diskursive Entgrenzung. Der Vampir im Schnittpunkt kultureller Wissensbestände. In: Begemann, Christian et al. (Hrsg.): Dracula unbound. Kulturwissenschaftliche Lektüren des Vampirs. Freiburg, S. 9–34.

Benhabib, Seyla (1986): Kritik des ›postmodernen Wissens‹ – eine Auseinandersetzung mit Jean-François Lyotard. In: Huyssen, Andreas, und Scherpe, Klaus R. (Hrsg.): Postmoderne. Zeichen eines kulturellen Wandels. Reinbek bei Hamburg, S. 103–127.

Berman, Gail, und Gallin, Sandy: Buffy the Vampire Slayer, Staffel 1, 3, 5. Vereinigte Staaten von Amerika. The WB, 10.03.1997. Portables Medium. Episodenlänge 42 Min.

Bilden, Helga (1989): Geschlechterverhältnis und Individualität im gesellschaftlichen Umbruch. In: Keupp, Heiner, und Bilden, Helga (Hrsg.): Verunsicherungen, das Subjekt im gesellschaftlichen Wandel: Münchener Beiträge zur Sozialpsychologie. Göttingen, S. 19–46.

nen als das absolut feindliche Monster auftreten.

46 Vgl. Otto/Stauff in Bartz/Krause (Hrsg.) 2007, S. 83.

Bouch, Matthiew: being human, Staffel 1, 3, 4. Großbritannien. BBC Three, 18.02.2008. Portables Medium. Episodenlänge 58 Min.

Brittnacher, Hans Richard (1994): Ästhetik des Horrors. Frankfurt am Main.

Brittnacher, Hans Richard (2008): Der Vampir als Außenseiter. Soziologische Konturen einer literarischen Chimäre. In: Begemann, Christian et al. (Hrsg.): Dracula unbound. Kulturwissenschaftliche Lektüren des Vampirs. Freiburg, S. 371–386.

Buhl, Hendrik (2012): (Inter-)Diskursive Themen in der Krimireihe »Tatort«. In: Kleiner, Marcus S. und Rappe, Michael (Hrsg.): Methoden der Populärkulturforschung. Interdisziplinäre Perspektiven auf Film, Fernsehen, Internet, Musik und Computerspiele. Berlin, S. 143–165.

Carmody, Don et al.: Shadowhunters, Staffel 1, 2. Vereinigte Staaten von Amerika. Freeform, 12.01.2016.. Episodenlänge 42 Min.

Hickethier, Knut (2012): Film- und Fernsehanalyse. Stuttgart.

Keupp, Heiner (1989): Einleitung. Subjekt und Gesellschaft: Sozialpsychologische Verknüpfungen. In: Keupp, Heiner, und Bilden, Helga (Hrsg.): Verunsicherungen. das Subjekt im gesellschaftlichen Wandel: Münchener Beiträge zur Sozialpsychologie. Göttingen, S. 9–18.

Keupp, Heiner (1989): Auf der Suche nach der verlorenen Identität. In: Keupp, Heiner, und Bilden, Helga (Hrsg.): Verunsicherungen, das Subjekt im gesellschaftlichen Wandel: Münchener Beiträge zur Sozialpsychologie. Göttingen, S. 47–69.

Klappert, Annina (2009): Monster machen. In: Geisenhansluke, Achim, und Mein, Georg (Hrsg.): Monströse Ordnungen. Zur Typologie und Ästhetik des Anormalen. Bielefeld, S. 125–164.

Krause, Marcus (2007): Von der normierenden Prüfung zur regulierenden Sicherheitstechnologie. Zum Konzept der Normalisierung in der Machtanalytik Foucaults. In: Bartz, Christina, und Krause, Marcus (Hrsg.): Spektakel der Normalisierung. Paderborn, S. 53–76.

Ludewig, Katharina (2017): Von der Macht des Glücks. Eine Diskursanalyse deutscher Tageszeitungen zwischen 2007 und 2012. Dissertation im Fach Philosophie an der Universität Oldenburg, [online] http://oops.uni-oldenburg.de/2925/1/ludvon15.pdf [19.04.2018, S.1–6].

Murphy, Colette (2011): Someday My *Vampire* Will Come? Society's (and the Media's) Lovesick Infatuation with Prince-Like Vampires. In: Parke, Maggie, und Wilson, Natalie (Hrsg.): Theorizing twilight. Critical Essays on What's at Stake in a Post-Vampire World. Jefferson, S. 56–69.

Müller, Jürgen E. (2008): Identitätsmetamorphosen. Zur medialen und kulturellen Transformation der Vampir- und Dracula-Gestalten. In: Begemann, Christian et al. (Hrsg.): Dracula unbound. Kulturwissenschaftliche Lektüren des Vampirs. Freiburg, S. 263–282.

Neuhaus, Stefan (2007): Das Patchwork-Subjekt – und wie es dazu geworden ist, [online] http://literaturkritik.de/id/10304 [05.03.2018].

Otto, Isabell, und Stauff, Markus (2007): Einleitung. Das Maß der Mitte. In: Bartz, Christina, und Krause, Marcus (Hrsg.): Spektakel der Normalisierung. Paderborn, S. 79–90.

Overthun, Rasmus (2009): Das Monströse und das Normale. Konstellationen einer Ästhetik des Monströsen. In: Geisenhansluke, Achim, und Mein, Georg (Hrsg.): Monströse Ordnungen. Zur Typologie und Ästhetik des Anormalen. Bielefeld, S. 43–80.

Parr, Rolf (2009): Monströse Körper- und Schwellenfiguren als Faszinations- und Narrationstypen ästhetischen Differenzgewinns. In: Geisenhansluke, Achim, und Mein, Georg (Hrsg.): Monströse Ordnungen. Zur Typologie und Ästhetik des Anormalen. Bielefeld, S. 19–42.

Recht, Marcus (2011): Der sympathische Vampir. Visualisierungen von Männlichkeiten in der TV-Serie Buffy. Frankfurt am Main.

Schneider, Irmela (1994): Hybridkultur. Eine Spurensuche. In: Thomsen, Christian (Hrsg.): Hybridkultur. Bildschirmmedien und Evolutionsformen der Künste. Annäherungen an ein interdisziplinäres Forschungsproblem. Ästhetik, Pragmatik und Geschichte der Bildschirmmedien. Arbeitshefte Bildschirmmedien Nr. 46. Siegen, S. 9–24.

Schumacher, Florian (2015): Monströse Gestalten als das fantastische Andere. Von den Rändern der Welt ins Zentrum der bürgerlichen Gesellschaft. In: Dwelling, Michael, und Harbusch, Martin (Hrsg.): Vergemeinschaftung in Zeiten der Zombie-Apokalypse. Gesellschaftskonstruktionen am fantastischen Anderen. Wiesbaden, S. 23–36.

Sieber, Samuel (2001): Marginalien einer ernüchternden Genealogie des Monströsen. Kulturtheoretische Reflexion über das Phänomen des Ungeheuerlichen. Marburg.

Vogel, Elisabeth, und Napp, Antonia (2003): Einleitung. In: Vogel, Elisabeth et al. (Hrsg.): Zwischen Ausgrenzung und Hybridisierung. Zur Konstruktion von Identitäten aus kulturwissenschaftlicher Perspektive. Würzburg, S. 7–12.

Wasserer, Annabell (2008): »Buffy – Im Bann der Dämonen«. Diplomarbeit im Fach Philosophie an der Universität Wien, [online] http://othes.univie.ac.at/1499/1/2008-10-01_0050288.pdf [03.03.2018, S.42].

Werthschulte, Leila, und Selimović, Šeila (2009): Gutes Monster, böses Monster. Über die Ambivalenz der Ungeheuer von *Bisclavret* bis *Buffy*. In: Gebhard, Gunther et al. (Hrsg.): Von Monstern und Menschen. Begegnungen der anderen Art in kulturwissenschaftlicher Perspektive. Bielefeld, S. 229–252.

From Zero to Shero

Vampirjägerinnen im TV als Third-Wave-Feminismus-Ikonen

Sandra Schwarzmann

Abstract

Im folgenden Artikel wird erläutert, inwiefern Vampirjägerinnen[1] in Fernsehserien feministisches Potenzial aufweisen.

Angelehnt an Stuart Halls Cultural Studies (1980) wird deutlich, dass visuelle Medien in ihrer künstlerischen Deutung der Wirklichkeit von ihrem Publikum auf dessen subjektive Alltagswelt rückbezogen werden. Das Publikum stellt hierbei Vermutungen über Leitbilder, Mentalität und Alltagsrelevanz an. Demnach könnten bestimmte Verhaltensweisen oder Einstellungen von Fernsehcharakteren Auswirkungen auf das Alltagsverständnis von Zuschauer_innen erwirken. Untersucht wird dies anhand einer kulturwissenschaftlichen Inhaltsanalyse unter Rückgriff auf Halls Theorie.

Vampirjägerinnen rückten mit *Buffy – Im Bann der Dämonen (1997)*[2] erstmals in einen medialen Fokus und drängten ihre männlichen Konkurrenten ins Abseits. Unter dem Deckmantel eines actiongeladenen Seifenoper-Teenager-Dramas vermittelte *Buffy*, wie der folgende Beitrag zeigen wird, eine deutlich feministische Botschaft. *Blood Ties – Biss aufs*

1 Im folgenden Artikel wird eine geschlechtsneutrale Schreibweise verwendet. Sollte eine rein männliche oder weibliche Ansprache verwendet werden, ist dies im Zusammenhang mit dem Thema der Arbeit beabsichtigt.

2 *Buffy. Im Bann der Dämonen.* Whedon, Joss. Twentieth Century Fox, 1997–2003.

Blut (2007)[3] und *Van Helsing* (2016)[4], als weitere Serien mit Vampirjägerinnen in der Hauptrolle, werden im Verlauf ebenfalls untersucht.

Unter Einbezug wissenschaftlicher Literatur wurde im Rahmen der Forschung herausgearbeitet, dass alle genannten Serien feministische Züge aufweisen, gleichzeitig stellt die Verbindung der Jägerin zum Vampir hierbei eine Projektionsfläche für gesellschaftliche Diskurse dar.

Das Bündnis zwischen Erzfeinden – eine Einführung zu Vampir_innen und Vampirjäger_innen

»Gleichberechtigung ist wie Schwerkraft. Wir brauchen sie auf der Erde wie Männer und Frauen. […] Wir brauchen Gleichberechtigung. Ungefähr jetzt.«
(Joss Whedon, 2006)

Vampire und Vampirjäger sind klassische Archetypen in popkulturellen Medienformaten. Im Stil des *Lord Ruthven* (1819) und später *Dracula* (1897) wurde der aristokratische Gentlemanvampir geschaffen. Dieser behielt bis in die 1980er Jahre größtenteils eine Antiheldenrolle bei. Im moderneren[5] Filmformat ist der Vampir zunehmend ein zur Sozialisation fähiges Wesen. Er entwickelt sich in Serien wie *The Vampire Diaries* und *True Blood* gar zum rücksichtsvollen Menschen und darüber hinaus zum präferierten Liebhaber der Protagonistinnen.

Die Figur des_der Vampirs_in passt sich medial den gesellschaftlichen und politischen Gegebenheiten ihrer Zeit an. »Die Moderne ist durch Globalisierung und kulturelle Kontakte und Konflikte gekennzeichnet«, wie Christian Begemann, Britta Herrmann und Harald Neumeyer[6] fest-

---

3 *Blood Ties. Biss aufs Blut.* Keston, Marshall; McConvey, Paul. Lionsgate Entertainment, Les Productions du Tresor, Worldview Entertainment. 2006–2008.

4 *Van Helsing.* Rudolph, Chris. Echo Lake Entertainment, Dynamic Television und Nomadic Pictures. 2016.

5 Hier: Vampire werden filmisch in den 1980er Jahren menschlicher, vgl. Will 2006, S. 156.

6 Vgl. Begemann, Herrmann und Neumeyer 2008, S. 12.

stellen. Sie bietet der filmischen Figur die Möglichkeit, in fremdkulturelle[7] Räume gesetzt zu werden und in diesem Sinne »Zensurmechanismen zu umgehen und Problemstellungen sowie Faszinationen zu diskursivieren«[8]. Ebenso kann die Vampirfigur unterschiedliche Wissenssphären und anthropologische Bereiche in Beziehung zueinander setzen und somit Erklärungen für bestimmte gesellschaftliche Begebenheiten bieten[9].

Die Zuschreibung bestimmter Eigenschaften, Rollen und Zugehörigkeiten der Vampir_innenfigur in Interaktion mit anderen Figuren dient als Mittel, um konkrete soziale Strukturen und breitere Gesellschaftsprozesse zu spiegeln. Durch die Wandelbarkeit ihrer Merkmale eignet sie sich optimal als Projektionsfläche menschlicher Ängste, Sehnsüchte und Wünsche[10]. Ihr ist es nach Stefan Keppler[11] möglich, »permanent die Geltung differenzloser Strukturen« zu beeinträchtigen. Der Vampir stellt, wie Keppler ausführt, »Grenzen, die fest schienen, zur Disposition. Er bringt Paradoxien zur Erscheinung, ohne diese nach den Gesetzen der Logik aufzulösen, und betreibt damit entschieden eine Entautomatisierung des Denkens und Wahrnehmens«[12].

Die zunehmende Heldenrolle des Vampirs ist nach Theresia Heimerl[13] auf seine Konstruktion als ein Geschöpf aus einer anderen Zeit mit festen Werten und Normen aus dieser zurückzuführen. In der postmodernen[14]

---

7 Hier: Beispielsweise der Umzug des Vampirs Angel in die Kleinstadt Sunnydale. Buffy Summers ist angezogen von der ›dunklen‹, ›mysteriösen‹ Ausstrahlung des Vampirs, welche im krassen Gegensatz zu den ›braven‹ Kleinstadtbürgern steht, mit denen sie sonst interagiert.

8 Ebd., S. 12.

9 Ebd., S. 9.

10 Vgl. Ulonska 2012, S. 318.

11 Vgl. Keppler 2006, S. 10.

12 Ebd., S. 10.

13 Vgl. Heimerl 2011a, S. 41.

14 »Die Postmoderne wird als Kultur- und Wissensstand hochentwickelter Gesellschaften definiert. Sie ist ebenfalls von einer großen Skepsis an den großen Erzählungen der Moderne geprägt, dazu gehören die Emanzipation des Subjekts, die Entfaltung von Ideen, Teleologie und Fortschritt, sowie Erklärungssysteme. Postmoderne bedeutet demnach ein Reflexivwerden der Moderne.«, Meteling 2006, S. 259.

Unübersichtlichkeit, die als Zeitalter der unbegrenzten Möglichkeiten gilt, bietet der Vampir Sicherheit und nimmt zunehmend die Rolle des Beschützers ein, die in krassem Kontrast zu seinem traditionell ›bösen‹ Auftritt[15] steht.

Theresia Heimerl[16] spricht in diesem Zusammenhang von einer Entwicklung des Vampirs hin zum *Demon Lover* und Schutzengel. Die Anfänge des *Demon Lover* lassen sich in Diskursen über Geschlechterrollen und weibliche Sexualität bis in die 1920er Jahre zurückverfolgen. Aktives weibliches Begehren, als größtenteils tabuisiertes Thema, nötigte Frauen auf literarischer Ebene stellvertretend dazu, vom Bösen verführt zu werden, um ihre Sexualität frei ausleben zu können. Die Darstellung des *Demon Lover* spiegelt demnach den Diskurs über Geschlechterrollen, Weiblichkeit und Sexualität wider[17].

Der Prototyp des neuzeitlichen *Demon Lover*[18] verführt in ambivalentem Amoralismus junge Frauen, während er innerlich zwischen animalischen Trieben und moralischen Grundsätzen hin- und hergerissen ist. Der Vampir wird zum Sympathieträger[19]. Seine meist menschlichen Partnerinnen erfüllen nicht mehr die Idealbilder einer patriarchalischen Männerphantasie als gehorsames, züchtiges Wesen, sondern sind selbst außergewöhnliche Persönlichkeiten. Sie besitzen in vielen Fällen ein großes Maß an Mut und Zivilcourage[20]. Die in den Geschichten porträtierten Vampire beschützen die Protagonistinnen dabei aus persönlichem, erotisch konnotiertem Interesse heraus gegen übernatürliche Wesenheiten. Der Vampir ist zunehmend eine tragische Gestalt, welche von der weiblichen Hauptfigur zum Guten gewandelt werden kann. Beispiele hierfür sind die

15 Beispielsweise die Vampir_innenpopulation in *Van Helsing*, die Menschen als Nahrungsmittel einstuft.

16 Vgl. Heimerl 2011b, S. 63–71.

17 Ebd., S. 71.

18 Fortfolgend im Artikel in seiner neuzeitlichen Bedeutung als *Demon Lover* und Schutzengel verwendet.

19 Ebd., S. 70.

20 Vgl. Thonhauser 2011, S. 56.

Brüder Salvatore *(The Vampire Diaries)*, Eric Northman *(True Blood)* und Mick St. John *(Moonlight)*.

Vampirjäger sind meist Archetypen von Helden, welche eine_n klassisch böse_n Antagonist_in bekämpfen müssen und sich dafür auf eine Reise begeben. Diese Helden besitzen meistens besondere Eigenschaften und repräsentieren nicht den stereotypen Normalbürger[21]. Sie bieten ein hohes Identifikationspotenzial, da an ihnen stellvertretend gesellschaftliche oder persönliche Probleme und Ängste aufgearbeitet werden können. Die typische Vampirgeschichte zeichnet sich hierbei oft durch ein ambivalentes Verhältnis der Protagonist_innen gegenüber Vampir_innen aus.

Vampirjägerinnen waren mit der amerikanischen TV-Serie *Buffy – Im Bann der Dämonen* (1997) erstmals medial populär vertreten. Im Zentrum der Serie steht die Vampirjägerin und Highschoolschülerin Buffy Summers, welche in der kalifornischen Kleinstadt Sunnydale Vampir_innen und Dämon_innen jagt. Ihre Aufgabe besteht darin, die Welt vor dunklen Wesen zu schützen, deren Ziel meist das Herbeiführen eines apokalyptischen Szenarios ist. Unterstützt wird Buffy dabei von einem engen Freundeskreis und den Vampiren Angel und Spike, mit denen sie im Verlauf der Serie jeweils eine Beziehung eingeht. *Buffy* behandelt, als im Drama-, Horror- und Fantasygenre angesiedelte Serie, nicht nur Adoleszenzthemen wie Enkulturation und Entwicklungsaufgaben, sondern außerdem feministische Diskurse der zeitgleich stattfindenden *Girlie*-Bewegung. Das postfeministische[22] ›*Girlie*‹ der 1990er Jahre hat die damalige Einstellung zu Feminismus und Emanzipation verändert. Ziel der Bewegung waren nach Jana Mikota und Sabine Planka[23] weder Emanzipation noch Befreiung der Weiblichkeit, sondern das Etablieren einer gesellschaftlich anerkannten Möglichkeit, weibliche Sexualität frei ausleben zu können.

---

21 Vgl. Luschewitz 2014, S. 132.

22 Hier: Postfeminismus ist eine regressive, politische Art des Feminismus nach der Second-Wave, vgl. Wimmler 2011, S. 85.

23 Vgl. Mikota und Planka 2012, S. 130.

In *Buffy* tritt die weibliche Hauptfigur aus ihrer Opfer- bzw. Statistinnenrolle als *femme fragile*[24] hervor und unterwandert das männlich geprägte Rollenbild des Vampirjägers[25].

> Buffy: And what are we if not women up to a challenge?
> Willow: Exactly! I mean, did we not put the ›grr‹ in girl?
> (*Buffy – Im Bann der Dämonen*, Keine Menschenseele. 04x02)[26]

Sie ist nicht nur die erste Vampirjägerin im TV, sie ist außerdem eine selbstbewusste junge Frau, die eigenständige Entscheidungen bezüglich ihres Lebensweges sowie ihrer Sexualität trifft.

Es ergibt sich im Folgenden die Frage nach dem Potenzial einer feministischen Darstellung. Kann Buffys emanzipiertes Verhalten, ebenso wie das anderer Vampirjägerinnen im TV, in Relation zu dem Verhalten der sie umgebenden Vampire gesetzt werden? Inwiefern lässt der Umgang von Vampir und Vampirjägerin Schlüsse auf feministische Darstellungen zu? Aufgrund der vorangegangenen Fragen wird im folgenden Artikel die These vertreten, dass Vampirjägerinnen als Spiegel emanzipierter Frauen betrachtet werden können.

Vom Serienmarathon zur Theorie – methodisches Vorgehen

Für diese Forschung wurde die kulturwissenschaftliche Inhaltsanalyse prozessgenerierter Daten nach Stefan Bauernschmidt[27] als Methode gewählt. Prozessgenerierte Daten besitzen ursprünglich keinen Anspruch

24 Hier: Körperlich meist schwache Frau, welche den Schutz eines Mannes benötigt und diesem somit ausgeliefert ist.

25 Vgl. Wrobel 2012, S. 30.

26 »Keine Menschenseele«. *Buffy. Im Bann der Dämonen*. Twentieth Century Fox, 1999. 04E02 03:16:00–03:22:00.

27 Vgl. Bauernschmidt 2014, S. 417–425.

an Wissenschaftlichkeit. Sie werden des Weiteren nicht vom_von der Forschenden selbst generiert, sondern sind Materialien, welche durch Lebens-, Arbeits- und Umgangsweisen von Menschen innerhalb einer Gesellschaft erzeugt werden. Der_die Forscher_in verdichtet lediglich das Material und versucht, interpretatives Wissen herauszuarbeiten. Ziel ist das Schaffen eines gewissen Alltagsverständnisses. Die Einordnung der gesammelten Daten, hier: ›Das feministische Darstellungspotenzial von Vampirjägerinnen in TV-Serien‹, in einen größeren Gesamtkontext, ist ein bedeutender Faktor der Methode.

Kategorisierung

Im Zusammenhang mit der zuvor aufgestellten Hypothese bedeutet dies zunächst, das Medium Vampirfilm/Vampirserie genauer zu untersuchen. Der Vampirfilm ist klassischerweise im *Genre* des Horrorfilms[28] einzuordnen. Horrorfilme sind aufgrund ihrer Darstellungsweisen und Inhalte sehr heterogen, was die Klassifizierung in ein bestimmtes Genre erschwert. Arno Meteling[29] führt dazu aus:

> »Merkmale eines Horrorfilms können so benannt werden, dass sie von der Bedrohung des menschlichen Körpers und Geistes erzählen und dies mit einer Rhetorik der Gewalt, des Schreckens, der Angst und des Ekels ausmalen, so dass diese Bedrohung sich jenseits der Leinwand in Richtung Zuschauerraum erstreckt. Die audiovisuelle Rhetorik der Angst-Lust des Horrors reicht dabei von dem phantastischen Einbruch einer fremden Ordnung in eine bekannte, beispielsweise durch monströse Halbwesen, bis zur massenhaften Ermordung von Menschen durch andere Menschen.«

---

28 Klassischer Horrorfilm 1930–1960, moderner Horrorfilm (siehe oben) ab 1960–1980, postmoderner Horrorfilm ab ca. 1980 (vgl. Meteling 2006, S. 19–23).

29 Vgl. Meteling 2006, S. 27.

Die Identifikation mit den Protagonist_innen des Films erzeugt einen Effekt der Spiegelung beim Publikum, wodurch zugleich eine emotionale Integration der Zuschauer_innen erreicht wird[30].

Aufgrund der düsteren Kulisse des *Gothic Genres*[31] sind Elemente von diesem oft in Horrorfilme hineingearbeitet. Im postmodernen *New Gothic Horror*[32] wird das monsterlastige Inventar des *Gothic Horror*[33] inklusive seiner Werke und Figuren wiederbelebt. Diese Figuren sind beispielsweise Vampir_innen und Vampirjäger_innen, aber auch Detektiv_innen, welche dem Übernatürlichen in Sherlock-Holmes-Manier auf die Spur gehen[34]. Der *Gothic* Film entwickelte zudem ein Idealbild der weiblichen *Gothic*-Heldin, der sogenannten *Shero*. Diese sind klassischerweise klein, ›hübsch‹, zierlich und besitzen ›weibliche‹ Körper und ›typisch männliches‹ Durchsetzungsvermögen[35].

Der Vampirfilm adaptiert oftmals eine (neo-)gotische Kulisse[36] und ist durch verschiedene *Genre-Crossovers* gekennzeichnet. Er bezieht, so Florian Kührer, »seine Dynamik aus der Suche nach adäquaten Antworten auf die Bedürfnisse der Zeit. Gesellschaft, ihre Bedürfnisse und ihre Orientierung befinden sich in einem ständigen Wandlungsprozess, ebenso wie der Vampirfilm.«[37] Moderne Vampir_innen haben sich in diesem Sinne im-

---

30 Vgl. Kienzel 2011, S. 116.

31 *Gothic Novel* als Spielart der Romantik (Ende 18. Jahrhundert bis ca. Mitte 19 Jahrhundert). *Gothic Novel* wird als wirkungsästhetisches Genre charakterisiert, welches darauf abzielt, beim Leser eine furcht- oder schreckenerregende Wirkung zu erzielen, vgl. Wrann 2011, S. 15.

32 Ist Teil des postmodernen Horrorfilms. In diesem werden oft klassische Werke und Figuren wiederbelebt. Es besteht ein melancholisches Interesse an Vergangenem und Totem, vgl. Meteling 2006, S. 265.

33 »[…] Rückzuführen auf populäre Literaturen der Romantik, in welchen eine realistische Zeichnung der Figuren sowie eine dramatisch geschlossene Erzählung besteht«, ebd., S.37, und weiter »*Gothic* wird vor allem an verwendeten Kulissen, wie etwa ›dunkle‹ Wälder, feuchte Keller, Klosterruinen, Geheimgänge, klirrende Ketten, Skelette, Gewitter und Mondlicht erkannt.«, ebd., S. 38.

34 Vgl. Meteling 2006, S. 273.

35 Vgl. Verldmann-Genz 2001, S. 45.

36 Vgl. Erklärung »*Gothic Genre*« in diesem Text.

37 Kührer 2010, S. 161.

mer mehr zu einer der Selbstreflexion und Selbstbezogenheit unterliegenden Figur gewandelt. Sie werden zur Projektionsfläche für menschliche Irritation und Intention und verkörpern nicht nur menschliche Sehnsüchte. Vielmehr bieten sie ihrem filmischen Umfeld durch ihre übernatürlichen Fähigkeiten in problematischen Situationen Halt. Aufgrund dessen siedeln sich filmische und literarische Vampir_innen zunehmend in der Kleinstadt an, um in ihrer Außenseiterrolle schneller aufzufallen[38]. In dieser können sie, wie Johannes Thonhauser ausführt, ebenfalls als bedrohliches »Kompensationsmedium einer tendenziell sicheren Gesellschaft dienen. Inszenierungen des Außergewöhnlichen und des Über- und Widernatürlichen lassen ›behütete‹ Kleinstadtbewohner_innen, sowie stellvertretend Zuschauer_innen, an sensationellen Begebenheiten teilhaben.«[39]

Um 1970 wurden weibliche Vampire in ihrer filmischen Rolle bedeutender, während beinahe zeitgleich die feministische Bewegung des *Womens Liberation Movement*[40] stattfand[41]. Die medial vermittelte Rolle der Vampirin entwickelte sich, im Gegensatz zum männlichen Vampir, in eine andere Richtung.

Traditionell ist die Vampirin in ihrer Figur als *femme fatale*[42] angesiedelt und ist sowohl Symbol feministischer Rebellion als auch Verkörperung sexuell konnotierter Männerphantasien. Vampirinnen wie Carmilla[43]

---

38 Ebd., S. 178.

39 Thonhauser 2011, S. 47

40 Feministische Gleichberechtigungsbewegung der 1960er und1970er Jahre, vgl. Creed 1993, S. 59.

41 Vgl. Korbik 2014, S. 130.

42 »Weiblicher Racheengel in einer patriarchalischen Gesellschaft«, vgl. Kührer 2010, S. 206; Definition im Text ist zusätzlich: Autonome, starke Frauen, die keine männliche Hilfe annehmen.

43 Vgl. Le Fanu 1872: Die Handlung spielt in der Steiermark, in welcher ein englischer Offizier gemeinsam mit seiner Tochter Laura seinen Lebensabend verbringt. Laura sehnt sich nach weiblicher Gesellschaft, die ihr in Form der bei einem Unfall verletzten Carmilla zuteilwird. Carmilla wird in den Haushalt des Offiziers aufgenommen. Es entwickelt sich eine unterschwellige homoerotische Beziehung zwischen Carmilla und Laura. Als klar wird, dass Carmilla die 150 Jahre alte Vampirin und Gräfin Mircalla von Karnstein ist, wird sie in ihrem Sarg gepfählt.

brechen mit einem maskulin definierten Ordnungssystem und forcieren erotische Begegnungen jenseits einer ehelichen und heterosexuellen Normativität. Sie besitzen die Möglichkeit, gegen bestehende Frauenbilder zu rebellieren[44] sowie männlich geprägte Werte und Normen zu unterwandern[45]. Vampirinnen besitzen demnach ein hohes Potenzial hinsichtlich feministischer Identitätsbildung. Das feministische Aufbegehren der Vampirinnen wird von Feichtinger[46] in die Welle des amerikanischen Second-Wave-Feminismus[47] eingeordnet.

Von *First* zu *Third* – Charakteristika feministischer Bewegungen

Vampirjägerinnen brechen ebenfalls kontinuierlich aus einer bis dato männerdominierten Vampirjägergesellschaft aus und entwickeln sich immer mehr in Richtung einer *femme complexe*[48]. Ihnen ist es möglich, eine maskuline Action-Heldin[49] mit ›weiblichem Körper‹ zu sein und zugleich die Vorstellungen des gesellschaftlichen Stereotyps einer klassischen Beziehung zu erfüllen. Ob und inwiefern dies auf die Protagonistinnen der erforschten Serien zutrifft, wird im weiteren Verlauf des Artikels genauer beleuchtet.

Der amerikanische Third-Wave-Feminismus wurde in diesem Zusammenhang als passende Vergleichsmöglichkeit feministischen Darstellungspotenzials gewählt, da sowohl *Buffy – Im Bann der Dämonen* als auch

44 Vgl. Mikota 2012, S. 112.
45 Vgl. Flocke 1999, S. 7.
46 Vgl. Feichtinger 2011, S. 112.
47 Entwickelte sich aus den strikten Idealen der Nachkriegszeit, welche Frauen ihre Rolle als Hausfrau und Mutter aufdrängte. Die Second-Wave-Bewegung wollte weibliche Emanzipation vor allem auf politischer Ebene erreichen, vgl. Korbik 2014, S. 133.
48 Fortfolgend wie im Text definiert.
49 Hier: Körperlich trainierte, kämpferische Powerfrau.

Blood Ties und *Van Helsing* durch ihre Erstaustrahlungstermine einen großen Zeitraum der Bewegung abdecken. Alle Serien wurden in den USA produziert.

Um den Third-Wave-Feminismus als Vergleichswert verwenden zu können, müssen im Vorfeld First und Second-Wave-Feminismus sowie deren grundlegende theoretische Konzeption genauer erläutert werden.

So entstand der Gleichheitsfeminismus der First-Wave während der ersten Frauenbewegungen[50] Ende des 19. Jahrhunderts. Simone de Beauvoir schreibt in *Das andere Geschlecht* (1951), Unterscheidungen der Geschlechter seien lediglich ein Produkt gesellschaftlicher Verhältnisse und somit veränderbar. Durch Zuschreibungen und Normierungen würden demnach Rollennormen und Stereotype erlernt sowie reproduziert. Das biologische Geschlecht allein habe keinen Einfluss auf Eigenschaften und Charakterzüge[51].

Die Second-Wave-Bewegung des Differenzfeminismus[52] kam zwischen den 1960er und 1980er Jahren auf. Er kann als Gegenstück zum Gleichheitsfeminismus betrachtet werden, da er den Geschlechterunterschied als natürliches Produkt betrachtet. Es wird von einem Geschlechterdualismus ausgegangen, bei welchem natürliche Unterschiede im Verhalten und Fähigkeitsspektrum von Männern und Frauen vorhanden sind[53].

In den 1970er Jahren entstand das Konzept des Sozialkonstruktivismus, welcher an gleichheitsfeministische Theorien anschließt. Er basiert auf der Annahme, Geschlecht werde durch Sozialisation, Adaption und Erziehung in Interaktions- und Kommunikationsprozessen konstruiert. Der Mensch erhält seine geschlechtliche Prägung erst durch Interaktion mit seiner Umwelt. Das folgend entwickelte Konzept des *doing gender* zweifelt die binäre Zweigeschlechtlichkeit an und erweitert das heterosexuelle Geschlechterkonzept um mindestens ein drittes Geschlecht[54].

50 Hier: Ebenfalls für den First-Wave-Feminismus verwendet.

51 Vgl. Beauvoir 1951, S. 50.

52 Der Differenzfeminismus wird stellenweise auch mit dem Begriff *Backlash* gleichgesetzt.

53 Vgl. Schößler 2008, S. 60.

54 Ebd., S. 82.

Die Bewegung des Third-Wave-Feminismus formierte sich Ende der 1980er/Anfang 1990er Jahre. Kennzeichnend für den Third-Wave-Feminismus sind nach Korbik[55] unter anderem: ethnische Diversität, die Anerkennung männlicher Diskriminierung als gesellschaftliches Problem sowie eine positive Einstellung gegenüber Männern. Im Mittelpunkt der Bewegungen stehen individuelle Erfahrungen und die Entscheidungsfreiheit des Individuums. Der Diskurs über Weiblichkeit ist zudem an einem Punkt angelangt, der es erlaubt, Maskulinität in Relation zur eigenen Identität zu setzen. Im Hinblick auf die aufgestellte Hypothese bedeutet dies, dass Vampirjägerinnen emanzipiertes Verhalten in Interaktion mit Vampiren erlernen sowie ausleben können. Theoretische Fundierungen sind hierbei beispielsweise die Konzepte der Intersektionalität, des Postkolonialismus[56] und des Poststrukturalismus[57].

Intersektionalität basiert auf Erkenntnissen des Dekonstruktivismus. Sie bezeichnet die Analyse verschiedenster Differenzkategorien und Diskriminierungsmechanismen sowie Macht-, Herrschafts- und Ungleichverhältnisse. Angestrebt wird eine integrative Perspektive, welche bestimmte Kategorien (z. B. ›Rasse‹, ›Geschlecht‹, ›Klasse‹, ›Alter‹, ›Sexualität‹, ›Aussehen‹, ›Nationalität‹…) in ihrem Kontext und ihren Interdependenzen und Verwobenheiten untersucht. Es wird zudem versucht, die oben genannten Kategorien in ihrer Verwobenheit zu analysieren[58].

Der Dekonstruktivismus kann als Weiterführung des Konstruktivismus[59] sowie als theoretisches Konzept des Third-Wave-Feminismus be-

55 Vgl. Korbik 2014, S. 134.

56 Auf der deskriptiven Ebene bezeichnet Postkolonialismus den Prozess der Loslösung von einem ganzen kolonialen System, vgl. Hall 1997, S. 219–246.

57 Sprache kann Realität nicht nur abbilden, sondern mittels ihrer Kategorien und Unterscheidungen auch herstellen. So geht beispielsweise Butlers theoretisches Konzept davon aus, dass Worte von Macht durchdrungen sind und selbst die Macht besitzen, Dinge wie den biologischen Körper aus der begrifflichen Substanz heraus zu fertigen. Diskurse nehmen hierbei durch wiederholte Sprechakte Gestalt an, vgl. Bublitz 2002, S. 21.

58 Vgl. Kerner 2009b, S. 350.

59 Der Konstruktivismus untersucht, wie soziale Ordnungen, die dem_der Einzelnen als gesellschaftliche Wirklichkeit gegenübertreten, kollektiv, vor allem

trachtet werden. Basis des Konzepts ist die Annahme, dass Geschlecht ständig in einem performativen Akt durch Diskurse, Sprache und diskursive symbolische Ordnungen erzeugt wird. Durch gesellschaftliche Diskurse werden Begriffe mit Bedeutungen gefüllt[60]. Akteure sind hierbei nahezu alle Mitglieder einer Gesellschaft, welche entsprechend ihrer gesellschaftlichen Positionen und Strukturkategorien handeln, die wiederum durch hegemoniale Diskurse erzeugt werden.

Um im folgenden Kapitel des Aufsatzes als Vergleichswert zu dienen, wird Judith Butler als Vertreterin des Third-Wave-Feminismus, mit ihrem Konzept anhand ihres Buches *Körper von Gewicht*[61], kurz erläutert.

Hannelore Bublitz beschreibt in *Judith Butler. Eine Einführung*[62], wie Judith Butler in ihrem theoretischen Konzept versucht, Begriffe wie Diskurs, Dekonstruktion, Performativität[63] und Mentalität auf Poststrukturalität anzuwenden. Kategorien des Körpers und der Identität sollen hierbei aufgelöst werden[64].

Nach Butler ist »der Körper […] vergesellschaftet und unterliegt einer sozialen Norm der körperlichen Materialität. Subjekte werden durch dominante Machtoperation geformt, indem sie vor allen ihren Körper mit

---

durch sprachliche Mittel, produziert werden. Grundannahme ist, dass in verschiedenen Diskursgemeinschaften Institutionalisierungs-, Objektivierungs-, und Legitimationsprozesse in Gang gesetzt, aufrechterhalten und verändert werden, vgl. Gergen 1985, S. 266–275.

60 Vgl. Schößler 2008, S. 53.

61 Vgl. Butler 1995b.

62 Vgl. Bublitz 2002.

63 Butler verbindet den Begriff der Performanz (Darstellung, Inszenierung) mit performativen Sprachakten (universalpragmatischer Geltungsanspruch der Sprache): »Performanz ist die verkörperte Erscheinungsform performativer Sprachakte. Der performative Akt der Verkörperung ist nicht nur abhängig von sozialen Beziehungen, sondern von der Matrix der Macht einer kulturellen Ordnung, die ihrerseits performativ durch Verkörperung reproduziert und als imperative Konvention stabilisiert wird.«, Bublitz 2002, S. 22–23. Sprache wird demnach zur Wirklichkeit und die Macht des Diskurses erzeugt die Wirklichkeit, die er benennt, vgl. ebd., S. 24.

64 Ebd., S. 7.

seinem Erscheinungsbild dieser Macht unterwerfen«[65]. Butlers Theorie geht weiterführend von einer sprach- und diskurstheoretischen Schaffung des Körpers aus. Er kann aufgrund dessen jedoch Prozesse der Einordnung, der Klassifikation und der Unterscheidung in Frage stellen und selbst zur Diskursstelle einer politischen Machtgeschichte werden[66].

Geschlecht kann nach Butler in seinem Kontext verändert werden und ist nicht innerer Wesenskern eines Individuums[67]. Die dem Geschlecht zugrundeliegenden biologischen Sachverhalte werden diskursiv produziert. Die Codierung des Körpers als Geschlechtskörper erfolgt nach kulturspezifischen Ordnungsstrukturen und diskursiven Regeln, die, als kulturelle Imperative, über die Zurechnung von Körpern und Subjekten zu einem Geschlecht entscheiden[68]. Die geschaffenen Geschlechterrollen sind vom Individuum selbst, durch bestimmte gesellschaftliche Werte und Normen, eingerahmt und zentriert[69].

> »Das kulturell anerkannte System der Zweigeschlechtlichkeit verleiht performativen Akten eine kulturelle Autorität im hegemonialen, binären Machtsystem. Performativität wird somit zur Garantie für kulturelle Reproduktion einer hegemonial wirkenden, heterosexuellen Geschlechtermatrix.«[70]

Bezogen auf Vampirjägerinnen als Third-Wave-Ikonen könnte Butlers Konzept aus *Körper von Gewicht* dahingehend angewendet werden, dass den Protagonistinnen der untersuchten Serien nicht ›typische‹ binäre Geschlechtereigenschaften zugeschrieben werden müssen. Der ›typisch weibliche‹ Körper mit ›weiblicher‹ Kleidung muss, auch wenn sich die Jägerinnen als ›Frau‹ definieren, nicht mehr zwangsläufig gegeben sein.

---

65 Ebd., S. 9, 10.
66 Vgl. ebd., S. 10.
67 Vgl. ebd., S. 51.
68 Vgl. ebd., S. 59.
69 Vgl. ebd., S. 62.
70 Ebd., S. 74.

Feministisches Potenzial

Um die ausgewählten Serien wissenschaftlich mit einem feministischen Fokus untersuchen zu können, wurde zu jeweils einer Episode pro Serie eine Inhaltsanalyse erstellt. Für die Inhaltsanalyse zu *Buffy – Im Bann der Dämonen* wurde die zweiundzwanzigste Folge der siebten Staffel mit dem Titel »*Das Ende der Zeit, Teil 2*« (Erstausstrahlung 2003) verwendet. In dieser erweckt Buffy alle Frauen mit der genetischen Veranlagung zu Vampirjägerinnen. Buffy war, mit ihrer übernatürlichen Stärke und Geschwindigkeit, bis dato die einzige Vampirjägerin weltweit und Vampir_innen ebenbürtig. Durch diese ethnisch sehr heterogene ›Erweckung‹ der potenziellen Jägerinnen wird in *Buffy* ein großer Schritt in Richtung feministische Gleichberechtigung gewagt. Buffy überschreitet Vorwürfe gegen den Second-Wave-Feminismus, eine universitäre, ›*weiße*‹[71] Bewegung der Mittelklasse zu sein, und etabliert sich als eine Ikone des Third-Wave-Feminismus. Das Konzept der Intersektionalität wird bis dahin nur vereinzelt berücksichtigt, da ethnische Diversität kaum bis gar nicht vorhanden ist. Buffy ist eine ›*weiße*‹ Frau, welche ihre Position wohl deutlich leichter vertreten kann als eine ›farbige‹ Frau. Sie kehrt im Serienfinale jedoch das Patriarchat in ein Matriarchat um[72]. In diesem Zusammenhang besiegt Buffy mit ihren neuen Verbündeten das große »Erste Böse« samt dessen misogyner rechter Hand. Werden feministische Konzepte in die Analyse mit einbezogen, ergibt sich jedoch andererseits ein Bild, welches als weniger feministisch angesehen werden könnte. So ist Buffy ihr optisches Erscheinungsbild äußerst wichtig, wobei ihre präferierte Garderobe oft sehr ›weiblich‹ ist.

> Buffy: I just wanna get my life back, you know? Do normal stuff.
> Willow: Like date?

---

71 Der Begriff ›*Weiß*‹ wird im Schriftbild kursiv gesetzt, um die privilegierte Position von ›*Weißen*‹ in Bezug auf Rassismus zu benennen und, entgegen vieler Bemühungen, sie als Norm ›*weißer*‹ Wahrnehmung unsichtbar werden zu lassen, sichtbar zu machen, vgl. Sow 2011, S. 190–191.

72 Vgl. Pender 2014, S. 224.

> Buffy: Well […] Alright, yes, date, and shop and hang out and go to school.
> And save the world from unspeakable demons. You know, I wanna do girlie stuff.
> (*Buffy – Im Bann der Dämonen*, Neue Freunde, neue Feinde. 03x03)[73]

Buffy ordnet sich eindeutig dem weiblichen Geschlecht zu und möchte ›*girlie*‹-Dinge unternehmen. Jedoch ist es ihr Ziel, ebenfalls als Vampirjägerin tätig zu sein. Scheinbar möchte Buffy ihre weibliche Rolle mit der eher männlich konnotierten des Vampirjägers verbinden. In diesem Sinne kann Buffy weiterhin als Feministin betrachtet werden. Aufgrund mangelnder homosexueller oder anderer Geschlechteridentitäten wird in der Serie jedoch ein binäres Geschlechtersystem vertreten. Dies widerspricht Strömungen des Third-Wave-Feminismus, zu denen beispielsweise Judith Butlers Theorien zählen.

Zudem entscheidet sich Buffy in »*Das Ende der Zeit, Teil 2*« ebenfalls dazu, keinen ihrer vampirischen Verehrer zu erwählen, da sie sich selbst emotional noch nicht reif genug für eine feste Bindung sieht. Sie wählt somit einen alleinstehenden Lebensweg als selbstständige Frau, die ohne männliche Unterstützung auskommt.

Blood Ties – Biss aufs Blut ist eine amerikanisch-kanadische Produktion, welche 2007 erschien. Protagonistin ist die Privatdetektivin Vicky Nelson, die zufällig bei einem ihrer Fälle mit dem Übernatürlichen in Berührung kommt. Das Setting der Serie ist hierbei eine fiktive kanadische Großstadt mit einigen neogotischen Elementen. Vicky Nelson wird bei ihren, nun meist übernatürlichen, Fällen von dem aristokratisch anmutenden Vampir Henry Fitzroy und ihrem Exfreund Mike Celluci unterstützt. Die Protagonistin wurde im Rahmen der Forschung als Vampirjägerin gewählt, da sie mit Vampiren konfrontiert wird und diese in einigen Folgen als übernatürliche Kriminelle jagt.

---

73 »Neue Freunde, neue Feinde«. *Buffy. Im Bann der Dämonen*. Twentieth Century Fox, 1998. 03E03 02:28:00–02:50:00.

Material der Inhaltsanalyse ist die zwölfte Folge der ersten Staffel mit dem Titel »*Normans Rückkehr*« (Erstausstrahlung 2007). Vicky wird gegen Ende der Episode im Gefecht von Henry beschützt, wobei sie den Antagonisten selbst besiegt.

Vicky ist wie Buffy ebenfalls eine ›*weiße*‹ Frau und lernt im Laufe der Serie keine weiteren Hauptprotagonist_innen kennen, welche einer anderen Ethnie angehören. Vicky trägt ebenfalls bevorzugt ›weibliche‹ Kleidung und ordnet sich selbst dem weiblichen Geschlecht zu. Sie besitzt ebenfalls ›weibliche‹ Charaktereigenschaften wie die Sorge um ihr Aussehen oder den Ekel vor ›suspekten‹ Flüssigkeiten. Auf der anderen Seite akzeptiert sie, ähnlich wie Buffy, keine männliche Machtposition ihrer Partner und zeigt dadurch emanzipatorische Tendenzen.

Van Helsing erschien erstmals im Jahr 2016. Hauptcharakter ist Vanessa Van Helsing, eine Nachfahrin des Vampirjägers Abraham Van Helsing. Die Protagonistin erwacht in einer apokalyptischen Welt aus dem Koma. Die zuvor unentdeckt lebenden Vampir_innen haben in dieser die Regierungsgewalt an sich gebracht. Vanessa ist innerhalb der Serie von enormer Wichtigkeit, da ihr Blut die Fähigkeit besitzt, Vampir_innen in Menschen zurück zu verwandeln.

Die Inhaltsanalyse wurde zur zehnten Folge der ersten Staffel »*Die besondere Frau*« (Erstausstrahlung 2016) erstellt, in welcher Vanessa mehrere Vampire tötet und erstmals eine klare Führungsrolle innerhalb der sie umgebenden Menschengruppe einnimmt. Von den untersuchten Protagonistinnen ist Vanessa diejenige, die sich dem weiblichen Geschlecht und den damit einhergehenden ›typischen‹ Eigenschaften am wenigsten zuordnet. Sie trägt zwar ›körperbetonte‹ Kleidung, äußert sich jedoch nicht sonderlich oft zu ihrer Rolle als Frau. Lediglich ihre Unterordnung einem männlichen Soldaten gegenüber mindert ihre sonst emanzipierte Rolle. In *Van Helsing* sind zudem andere weibliche Ethnien unter den zentralen Figuren der Serie vertreten und unterstützen Vanessa in ihren Entscheidungen.

Die zuvor genannten Kategorien wurden unter Einbezug von theoretischen Grundlagen nach Erstellen der Inhaltsanalysen jeweils mit den Serien sowie deren ausgewählten Episoden abgeglichen. Zusätzlich wurden drei weitere Kategorien im Hinblick auf Charakteristika des Third-Wave-Feminismus hinzugefügt. Diese sind Autorität, Autonomie und Sexualität. Ziel hierbei war es, zu erarbeiten, inwiefern die Vampirjägerinnen der Serien, in Bezug auf die genannten Begriffe, von den mit ihnen in Interaktion stehenden Vampiren sowie von sich selbst wahrgenommen werden.

Resultate – was Vampirjägerinnen zu bieten haben

In Relation zu den unter »Kategorisierung« aufgeführten Punkten wird zunächst deutlich, dass sich sowohl *Buffy – Im Bann der Dämonen*, *Blood Ties – Biss aufs Blut* als auch *Van Helsing* mit einem oft spannungsgeladenen Aufbau in das Genre des *Horrors* einordnen lassen.

Für das Gothic-Genre bezeichnende Elemente lassen sich vor allem in der düsteren, urbanen Szenerie von *Blood Ties* finden. *Blood Ties* fällt zudem in die Sparte übernatürlicher Detektivgeschichten[74]. Die *Shero* ist vor allem in *Buffy* deutlich zu erkennen, da diese dem ›mädchenhaften‹ *Look*[75] am nächsten kommt. Jedoch sind auch Vanessa Van Helsing und Vicky Nelson ›hübsche‹ und eher zierliche Frauen. Das ›typisch männliche‹ Durchsetzungsvermögen[76] ist ein Charakterzug aller drei Vampirjägerinnen.

Mit klassischen *Crossover*-Elementen aus Drama, Mystery und Romantik sowie vampirischen Hauptdarstellern lassen sich alle Serien im *Genre* des Vampirfilms einordnen. Die Vampire Angel (*Buffy*) und Henry (*Blood Ties*) kommen hierbei dem aristokratischen Erbe Draculas nahe und besitzen außerdem eine deutlich ausgeprägte Fähigkeit zur Selbstreflexion. Sie unterstützen ihre menschlichen Partnerinnen Buffy und Vicky

---

74 Vgl. Meteling 2006, S. 273.
75 Vgl. Veldmann-Genz 2011, S. 45.
76 Ebd., S. 43.

nicht nur physisch, sondern auch emotional. Der Schutz erfolgt vor dem Hintergrund des *Demon Lover*[77] aus persönlichem, erotischem Interesse an den Protagonistinnen. Ebenso erfüllen Angel und Spike die tragische Rolle eines vampirischen Partners, welcher von Buffy zum Guten bekehrt werden kann. So wandelt sich Spike beispielsweise vom seelenlosen, bösen Vampir hin zum Helden, welcher im Serienfinale sein Leben für das übergeordnete Allgemeinwohl opfert. Sowohl Buffy als auch Vicky schmeichelt das Werben der Vampire, sie verstehen sich dabei jedoch nie in einer devoten Rolle. Zusätzlich akzeptieren Angel, Spike und Henry die Selbstbestimmung und die Führungsrolle der Vampirjägerinnen und bestärken diese im Verlauf der Handlungen darin sogar zunehmend.

Das typisch ambivalente Verhältnis gegenüber Vampir_innen wird sowohl in *Buffy – Im Bann der Dämonen* als auch in *Blood Ties* erfüllt. Beide Protagonistinnen müssen lernen, zwischen guten und bösen Vampir_innen zu unterscheiden, während diese in *Van Helsing* bis dato rein negativ konnotiert sind. Da die Serie noch nicht beendet ist, bleibt jedoch abzuwarten, ob sich das dargestellte Vampir_innenbild verändern wird.

Zusammenfassend kann gesagt werden, dass die in den Serien porträtierten Vampire mit ihren individuellen Eigenschaften und Charakterzügen verschiedene Männerideale repräsentieren[78]. Diese reichen von antagonistischen, frauenfeindlichen Vampiren bis hin zu frauenschätzenden *Demon Lovern*.

Alle Vampirjägerinnen schlagen im Laufe der Serie den klassischen Weg des Held_innentums ein. Buffy ist in diesem Sinne von Beginn an die auserwählte Jägerin und weiß um ihre Bestimmung, während Vicky Nelson im Laufe des Plots ihren Weg findet. Sie beginnt, Menschen mit übernatürlichen Problemen zu unterstützen. Am Ende der ersten Staffel erfährt Vanessa, dass sie die Nachfahrin des Vampirjägers Abraham Van Helsings ist und beginnt nur langsam, die Tragweite ihrer Fähigkeiten zu verstehen.

77 Vgl. Heimerl 2011, S. 65.
78 Vgl. Wimmler 2010, S. 98.

Die potenzielle Verbindung der *femme fatale* Elemente von Vampirinnen sowie der *femme fragile* Aspekte der typisch viktimisierten Horrorfilmprotagonistin ist in allen drei Serien wiederzufinden. In Stil einer *femme complexe* sind Buffy, Vicky und Vanessa physisch trainiert und in Kampfsporttechniken bewandert, können jedoch männlichen Schutz annehmen, wenn benötigt. Sie arbeiten Seite an Seite mit Vampiren, ohne sich dabei unterzuordnen.

From Zero to Shero?

Angelehnt an Stuart Hall und die Cultural Studies[79] besitzen Filme bestimmte Lesarten und Deutungshypothesen. Die implizierten Aussagen sollen idealerweise vom Publikum auf eine dominant hegemoniale Art rezipiert werden. Damit übernehmen die Zuschauer_innen diese gänzlich. Hall beschreibt weiter die ausgehandelte Lesart, welche es Rezipient_innen erlaubt, auf begrenzter Ebene individuelle Grundregeln und Sinnsysteme abseits der vermittelten Botschaft aufzustellen. Die oppositionelle Lesart wird in ihrer Intention verstanden, jedoch abgelehnt.

Medien haben nach Hall großen Einfluss auf das Bewusstsein eines Individuums, da sie soziales Wissen, Werte, Bilder, Klassifikationen und Lebensstile schaffen: »Die vom Film angebotene künstlerische Deutung von Wirklichkeit wird auf die Alltagswelt des Publikums rückbezogen und es werden Vermutungen über Leitbilder, Mentalität und Alltagsrelevanz angestellt.«[80]

Ein weibliches Publikum der Serien könnte demnach symbolisch seine Fantasien anhand der Jägerinnen ausleben und somit eine patriarchalische Gesellschaft sowie feststehende *Gender*-Normen in Frage stellen. Hierbei findet eine Verschiebung von Geschlechter- und Machtpositionen statt, da die Vampirjägerinnen autonome Entscheidungen treffen.

79 Vgl. Merkel 2014, S. 261–262.
80 Ebd., S. 261.

Recht[81] schreibt in diesem Zusammenhang vom »Vampir als Objekt des *Female Gaze*«. Der *Gaze* (engl.) ist hierbei ein voyeuristischer, sexualisierender Blick. Zuvor meist medial als sogenannter *Male Gaze* vorhanden, zeigt er geschlechterspezifische Machtgefälle auf. Die Person, welche den *Gaze* anwendet, ist in diesem Fall in der Machtposition. Sein Gegenstück, der *Female Gaze* kann nur dann entstehen, wenn eine Frau ›maskuline Züge‹ annimmt und ihre traditionell ›weiblichen‹ Charakterzüge ablegt[82]. In *Buffy* wird dieses Narrativ, wie später auch bei *Blood Ties* und *Van Helsing*, umgedreht. Die klassische überlegene Machtposition kann demnach ohne ein notwendiges Kopieren ›männlicher Züge‹ umgekehrt werden. Die erzwungene Passivität der Frau geht im Einklang mit geschlechtertypischen Rollenzuschreibungen verloren[83].

In *Buffy, Blood Ties* und *Van Helsing* werden zusätzlich Ideen des Second-Wave-Feminismus weitergedacht, da die individuelle Weiterentwicklung einer weiblichen und außergewöhnlichen Protagonistin im Zentrum der Serien steht.

> Buffy: I'm cookie dough. I'm not done baking. I'm not finished becoming to who ever the hell it is I'm gonna turn out to be. I make it through this, and the next thing, and the next thing, and maybe one day, I turn around and realize I'm ready. I'm cookies. And then, you know, if I want someone to eat me or enjoy warm, delicious, cookie me, then that's fine. That'll be then. When I'm done.
>
> (*Buffy – Im Bann der Dämonen*, Das Ende der Zeit, Teil 2. 07x22)[84]

Symbolisch könnte Buffys Aussage die noch nicht gänzlich abgeschlossene Bewegung des Third-Wave-Feminismus widerspiegeln. Sowohl Buffy, Vicky als auch Vanessa sind Powerfrauen und Prototypen einer ›mädchen-

81 Vgl. Recht 2012, S. 255.

82 Vgl. ebd., S. 258.

83 Vgl. Pender 2007, S. 266.

84 »Das Ende der Zeit, Teil 2«. *Buffy. Im Bann der Dämonen*. Twentieth Century Fox, 2003. 07E22 06:58:00–07:41:00.

haften‹, feministischen Aktivistin. Ihr Reiz liegt in diesem Sinne in einem symbolhaften Abschlachten der Stereotype bezüglich weiblicher Befähigungen. Die Protagonistinnen kommen größtenteils ohne männliche Unterstützung aus, sind selbstbewusst und stark sowie eigenständig in ihren Entscheidungen. Sie stehen außerdem für junge Frauen weltweit, denen es missfällt, von Lebensumständen und Personen abhängig zu sein, und bieten ihren Zuschauerinnen die Möglichkeit, sich inspirieren zu lassen[85].

Angelehnt an die aufgestellten Kategorien Autorität, Autonomie und Sexualität erfüllen alle drei Serien wichtige Kriterien im Zusammenhang mit Charakteristika des Third-Wave-Feminismus. Die Protagonistinnen entwickeln sich im Laufe ihrer Geschichte in allen Aspekten hin zu autonomen Individuen und werden von ihren vampirischen Partnern ebenfalls als solche akzeptiert. Hinzuzufügen ist hier, dass sowohl die Bewegung des First-Wave- als auch die des Second-Wave-Feminismus dieses Ziel ebenfalls verfolgen. *Van Helsing* fällt in puncto Fremdwahrnehmung hinsichtlich positiver Resonanz der Vampir_innen heraus, da diese meist animalische Antagonist_innen sind. Vampir_innen können in ihrer Funktion als Verarbeitungsfläche gesellschaftlicher Umbrüche in Bezug auf feministische Aufarbeitung mittels der Vampirjägerinnen bestätigt werden.

Abschließend kann gesagt werden, dass die bearbeiteten Serien in ihrer Darstellung sowie der Interaktion zwischen Vampirjägerin und Vampir eindeutiges feministisches Potenzial besitzen. Die aufgestellte Hypothese hat sich größtenteils bestätigt. Alle Jägerinnen erfüllen bestimmte Aspekte des Third-Wave-Feminismus, stehen jedoch nach Maßstäben einer Judith Butler wohl noch am Anfang einer feministischen Loslösung des binären Geschlechterkonzepts. Aufgrund ihrer dominanten Rollen mit ›männlichen‹ Charakterzügen sind die Protagonistinnen weiterführend weniger als Differenzfeministinnen anzusehen. Einzuordnen wären sie wahrscheinlich im Feld des Konstruktivismus, da Buffy, Vicky und Vanessa mit vielen ›weiblichen‹ Filmklischees brechen und den Weg in eine Richtung ebnen, welcher es auch anderen Geschlechtern ermöglichen könnte, in Zukunft populäre Rollen innerhalb der Serienwelt einzunehmen.

85 Ebd., S. 228.

Des Weiteren ist festzuhalten, dass das weibliche Durchsetzungsvermögen, innerhalb der erforschten Serien, mit den Jahren rückläufig ist. Buffy nimmt als absolute Powerfrau am deutlichsten eine feministische Perspektive ein. Vicky Nelson kommt eher dem Ideal des Differenzfeminismus[86] nahe, indem sie die überlegene Stärke der Vampir_innen anerkennt und männliche Hilfe widerstandlos akzeptiert. Vanessa Van Helsing hingegen ist in den ersten Episoden von einem US-Soldaten abhängig, der sie während ihres Komas bewachte.

Die Frage, ob und inwiefern dies ein Beispiel für die in Hollywood diskutierte *Backlash*-Welle sein kann, bietet die Möglichkeit eines Ausblicks in die zukünftige filmische Emanzipation.

Literatur- und Quellenverzeichnis

Bauernschmidt, Stefan (2014): Kulturwissenschaftliche Inhaltsanalyse prozessgenerierter Daten. In: Bischoff, Christine; Oehme-Jüngling, Karoline, und Leimgruber, Walter (Hrsg.): Methoden der Kulturanthropologie. Bern: Hauptverlag. S. 417–425.

Beauvoir, Simone (1951): Das andere Geschlecht. Hamburg: Rowohlt Verlag.

Begemann, Christian; Herrmann, Britta, und Neumeyer, Harald (Hrsg.) (2008): Dracula Unbound. Kulturwissenschaftliche Lektüren des Vampirs. Freiburg: Rombach Verlag KG.

Blood Ties. Biss aufs Blut. Keston, Marshall; McConvey, Paul. Lionsgate Entertainment, Les Productions du Tresor, Worldview Entertainment. 2006–2008.

Bublitz, Hannelore (2002): Judith Butler. Eine Einführung. Hamburg: Junius Verlag GmbH.

86 Geht von einer grundsätzlichen Verschiedenheit beider Geschlechter aus: »Biologisches Geschlecht soll nicht als Rechtfertigung für soziale Ungerechtigkeiten und Diskriminierung genutzt« werden, Korbik 2014, S. 154.

Buffy. Im Bann der Dämonen. Whedon, Joss. Twentieth Century Fox. 1997–2003.

Butler, Judith (1991a): Das Unbehagen der Geschlechter. Berlin: Suhrkamp Verlag.

Butler, Judith (1995b): Körper von Gewicht. Die diskursiven Grenzen des Geschlechts. Berlin: Berlin Verlag.

Creed, Barbara (1993): Woman as Vampire. The Hunger. In: Dies. (Hrsg.): The Monstrous – Feminine: Film, Feminism, Psychoanalysis. New York: Routledge.

Eqiamicus, Nicolaus (2010): Vampire. Von damals bis(s) heute. Diedorf: Ubooks-Verlag.

Feichtinger, Christian (2011): O Sister, where art thou? Über die Abwesenheit guter wie böser weiblicher Vampire. In: Heimerl, Theresia, und Feichtinger, Christian (Hrsg.): Dunkle Helden. Vampire als Spiegel religiöser Diskurse in Film und TV. Marburg: Schüren Verlag GmbH. S. 100–113.

Flocke, Petra (1999): Vampirinnen. »Ich schaue in den Spiegel und sehe nichts«. Die kulturellen Inszenierungen der Vampirin. Tübingen: Konkursbuchverlag.

Gergen, Kenneth (1985): The social constructionist movement in modern psychology. In: American Psychologist, 40/1985, 266–275.

Gill, Rosalind (2006): Gender and the Media. Cambridge: Polity Press.

Hall, Stuart (1997): Wann war der Postkolonialismus? Denken an der Grenze. In: Bronfen, Elisabeth; Marius, Benjamin, und Steffen, Therese (Hrsg.): Hybride Kulturen. Beiträge zur anglo-amerikanischen Multikulturalismusdebatte. Tübingen: Stauffenburg. S. 219–246.

Heimerl, Theresia, und Feichtinger, Christian (2011): Dunkle Helden. Vampire als Spiegel religiöser Diskurse in Film und TV. Marburg: Schüren Verlag GmbH.

Heimerl, Theresia (2011a): Der neue Vampir. Dunkler Schutzengel und Demon Lover. In: Dies., und Feichtinger, Christian (Hrsg.): Dunkle Helden. Vampire als Spiegel religiöser Diskurse in Film und TV. Marburg: Schüren Verlag GmbH. S. 63–79.

Heimerl, Theresia (2011b): Was, wenn die Bösen die Guten sind? Der Vampir als Spiegel eines postmodernen Diskurses über »vormoderne« Werte und Normen. In: Dies., und Feichtinger, Christian (Hrsg.): Dunkle Helden. Vampire als Spiegel religiöser Diskurse in Film und TV. Marburg: Schüren Verlag GmbH. S. 31–43.

Kerner, Ina (2009a): Differenzen und Macht. Zur Anatomie von Rassismus und Sexismus. Frankfurt/M.: Campus.

Keppler, Stefan, und Will, Michael (2006): Der Vampirfilm. Klassiker des Genres in Einzelinterpretation. Würzburg: Königshausen & Neumann GmbH.

Keppler, Stefan (2006): Prolog zum Vampir. Paradoxierung und mediale Selbstreflexion in Literatur und Film. In: Dies., und Will, Michael (Hrsg.): Der Vampirfilm. Klassiker des Genres in Einzelinterpretation. Würzburg: Königshausen & Neumann GmbH. S. 8–17.

Kerner, Ina (2009): Man kommt nicht als Frau zur Welt. Simone de Beauvoirs Großtheorie des Sexismus. In: Dies. (Hrsg.): Differenzen und Macht. Zur Anatomie von Rassismus und Sexismus. Frankfurt/M.: Campus. S. 191–213.

Kienzl, Lisa (2011): »They're coming!«. Die Ästhetik des Vampirs im Horrorfilm 30 Days of Night. In: Heimerl, Theresia, und Feichtinger, Christian (Hrsg.): Dunkle Helden. Vampire als Spiegel religiöser Diskurse in Film und TV. Marburg: Schüren Verlag GmbH. S. 114–120.

Korbik, Julia (2014): Stand Up. Feminismus für Anfänger und Fortgeschrittene. Berlin: Rogner & Bernhard.

Kührer, Florian (2010): Vampire. Monster, Mythos, Medienstar. Kevelaer: Butzon & Becker GmbH.

Le Fanu, Joseph Sheridan (1993): Carmilla. In: Keesey, Pam (Hrsg.): Daughters of Darkness. San Francisco: Cleis Pr.

Lutschewitz, Dirk (2014): Bram Stoker's Dracula and the Vampire Genre. Heidelberg: BWB Verlag und Mediendienste.

Merkel, Ina (2014): Historisch-kritische Filmanalyse. In: Bischoff, Christine; Oehme-Jüngling, Karoline, und Leimgruber, Walter (Hrsg.): Methoden der Kulturanthropologie. Bern: Hauptverlag. S. 257–262.

Meteling, Arno (2006): Monster. Zu Körperlichkeit und Medialität im modernen Horrorfilm. Berlin: Transcript Verlag.

Mikota, Jana, und Planka, Sabine (2012): Der Vampir in den Kinder- und Jugendmedien. Berlin: WEIDLER Buchverlag.

Mikota, Jana (2012): Von Anna von Schlotterstein zu Lucy Vega. Die Darstellung von Vampirmädchen im Wandel der Zeit. In: Dies., und Planka, Sabine (Hrsg.): Der Vampir in den Kinder- und Jugendmedien. Berlin: WEIDLER Buchverlag. S. 111–175.

Nicol, Rhonda (2016): »When you kiss me, I want to die«. Arrested Feminism in Buffy the Vampire Slayer and the Twilight Series. In: Anatol, Giselle Lisa (Hrsg.): Bringing Light to Twilight. Perspectives on the Pop Culture Phenomenon. New York: Palgrave MacMillan. S. 113–120.

Pender, Patricia (2007): »Kicking Ass is Comfort Food«. Buffy as Third Wave Feminist Icon. In: Gillis, Stacy; Howie, Gillian, und Munford, Rebecca (Hrsg.): Third Wave Feminism. A Critical Exploration. Expanded Second Edition. New York: Palgrave Macmillan. S. 224–231.

Recht, Markus (2012): Der Vampir als Objekt des »Female Gaze«. In: Mikota, Jana, und Planka, Sabine (Hrsg.): Der Vampir in den Kinder- und Jugendmedien. Berlin: WEIDLER Buchverlag. S. 255–271.

Schößler, Franziska (2010): Einführung in die Gender Studies. Berlin: Akademie Verlag.

Sow, Noah (2011): Weiß. Ein kurzer vergleichender Begriffsratgeber für Weiße. In: Arndt, Susan, und Ofuatey-Alazard, Nadja (Hrsg.): (K)Erben des Kolonialismus im Wissensarchiv deutsche Sprache. Ein kritisches Nachschlagewerk. Münster: Unrast-Verlag. S. 190–191.

Thonhauser, Johannes (2011): Zivilisierte Außenseiter. Soziologische Beobachtungen zum Vampirbild in einigen neueren Film- und Fernsehproduktionen. In: Heimerl, Theresia, und Feichtinger, Christian (Hrsg.): Dunkle Helden. Vampire als Spiegel religiöser Diskurse in Film und TV. Marburg: Schüren Verlag GmbH. S. 45–60.

Ulonska, Benjamin (2012): Vampires are Sexy. Vampir-Hype, Adoleszenz und Jugendkultur. In: Mikota, Jana, und Planka, Sabine (Hrsg.): Der

Vampir in den Kinder- und Jugendmedien. Berlin: WEIDLER Buchverlag. S. 311–318.

Van Helsing. Rudolph, Chris. Echo Lake Entertainment, Dynamic Television und Nomadic Pictures. Seit 2016–.

Veldmann-Genz, Caroline (2016): Serial Experiments in the popular Culture. The Resignification of Gothic Symbology in Anita Blake Vampire Hunter and the Twilight Series. In: Anatol, Giselle Lisa (Hrsg.): Bringing Light to Twilight. Perspectives on the Pop Culture Phenomenon. New York: Palgrave MacMillan. S. 43–46.

Whedon, Joss (2006): Equality Now Tribute Address. In: American Rhetoric Online Speech Bank. http://www.americanrhetoric.com/speeches/josswhedonequalitynow.htm (Letzter Zugriff am 26.05.2018).

Wimmler, Jutta (2011): Bilder des Maskulinen. Der Vampir im Angesicht von Post-Third-Wave-Feminismus. In: Heimerl, Theresia, und Feichtinger, Christian (Hrsg.): Dunkle Helden. Vampire als Spiegel religiöser Diskurse in Film und TV. Marburg: Schüren Verlag GmbH. S. 82–98.

Will, Michael (2006): Das Zeitalter der Vampire. Zu einigen Tendenzen des Vampirfilms der Jugendwende. In: Dies., und Keppler, Stefan (Hrsg.): Der Vampirfilm. Klassiker des Genres in Einzelinterpretation. Würzburg: Königshausen & Neumann GmbH. S. 154–167.

Wrann, Alfons (2011): Historie und Aberglaube. Anspruch und triviale Unterhaltung. Ein Überblick über die Kultur- und Filmgeschichte des Vampirs. In: Heimerl, Theresia, und Feichtinger, Christian (Hrsg.): Dunkle Helden. Vampire als Spiegel religiöser Diskurse in Film und TV. Marburg: Schüren Verlag GmbH. S. 15–30.

Wrobel, Dieter: Der Vampir als Entwicklungshelfer. Literarische Blutsauger in der Kinder- und Jugendliteratur als Förderer der Enkulturation und Sozialisation. In: Mikota, Jana, und Planka, Sabine (Hrsg.): Der Vampir in den Kinder- und Jugendmedien. Berlin: WEIDLER Buchverlag. S. 23–40.

Der/die VampirIn in Vampire the Masquerade – die Bändigung des Biestes

Triebverzicht als Mittel sozialen Wandels

Von Alexander Gerdes

Abstract

Der/die VampirIn als literarische Figur begleitet den Menschen bereits seit mehreren hundert Jahren. Seine/ihre verschiedenen Erscheinungsformen und Hintergründe wurden seitens der Geisteswissenschaften im Rahmen unterschiedlicher Fachrichtungen bereits mehrfach untersucht. Vor allem im Bereich der Mythenforschung und der medienwissenschaftlichen Auseinandersetzung mit dem Phänomen des oder der modernen VampirIn standen Figuren wie Friedrich Wilhelm Murnaus Graf Orlok in *Nosferatu – Sinfonie des Grauens*, die VampirInnen in Filmen wie der *Twilight Saga* sowie *Interview mit einem Vampir* im Fokus. Ein immer wiederkehrendes Attribut dieser literarischen Figur ist die dem Individuum inhärente animalische Triebhaftigkeit, die ihr Wesen und Handeln bestimmt, speziell in Bezug auf das Blut, welches Objekt der Begierde ist und dem oder der VampirIn als zentrales Mittel zum Selbsterhalt dient.

Gegenstand dieses Artikels soll eine eben solche Variante moderner Vampir*Innen sein: Die als KainitIn bezeichnete BlutsaugerIn und das mit ihm/ihr verbundene quasireligiöse Konzept Golconda aus dem Tischrollenspiel *Vampire – The Masquerade*[1]. Bemerkenswert für das Werk ist die stark christlich-religiöse Komponente, die die Existenz der VampirInnen unmittelbar mit der biblischen Ersten Sünde, dem ersten Mord Kains an seinem Bruder Abel und Gottes Strafe verknüpft. So ist der

1 Rein-Hagen, u. a. 1998.

bzw. die VampirIn innerhalb dieses Kontextes zuerst Mensch und wird dann vom gottgesandten Fluch Kains zu neuem Unleben erweckt. Dies geschieht durch den Biss und den darauffolgenden Verzehr des Blutes seines/ihrer ErzeugersIn. Das vom oder von der Neugeborenen verzehrte Blut bestimmt fortan seine bzw. ihre hierarchische Stellung innerhalb der vampirischen Gesellschaft, da genealogische Nähe zu Urvater Kain gleichzeitig auch über die Macht des eigenen Blutes entscheidet.

Der Fokus bei der Betrachtung dieser Vampirform liegt auf der qualitativ-inhaltsanalytischen Betrachtung[2] der Dichotomie zwischen Triebzwang und -verzicht und einer Analyse der Frage, wie das Individuum durch bestimmte Formen des Widerstandes gegen die eigenen animalischen Züge seine soziale Wirklichkeit beeinflusst und die gesellschaftlichen Strukturen verändern kann.

Einleitung

In der Menschheitsgeschichte gibt es unzählige verschiedene Sagen und Geschichten zu übernatürlichen Kreaturen, Wesenheiten und Geschöpfen, die mal helfend, mal schädlich am Leben der Protagonisten dieser Erzählungen teilhaben. Die Bandbreite reicht dabei vom hilfreichen Klabautermann bis hin zum menschenverzehrenden Wendigo aus den Fiktionen der UreinwohnerInnen Amerikas. Eine der präsentesten Kreaturen aus dieser Riege ist der oder die VampirIn, ein unsterbliches Wesen, das in seiner langen Geschichte schon die verschiedensten Formen angenommen hat – von den im Grabe hockenden NachzehrerInnen, wie wir sie aus Mittel- und Osteuropa kennen, bis zum bzw. zur modernen, menschlichen VampirIn, der/die nicht nur Raubtier, sondern auch fühlendes Wesen ist. Allesamt eint sie jedoch, dass sie »zu den wenigen genuinen Mythen […], die die Moderne hervorgebracht hat«[3], zählen. Maßgebend

2 Mayring 2015.
3 Begemann u. a. 2008, S. 9.

für das kollektive Verständnis des männlichen Vampirs war Bram Stokers *Dracula* (1897). Er lieferte Konzepte, Bilder, Figuren und Handlungsstränge, die in den folgenden Dekaden durch ständige Rezeption und Adaption in Film, Literatur und Kunst unser Bild des Vampirs formten.

Ein Medium, das die Ideen Stokers aufgreift, ist das hier im Folgenden weiter beleuchtete Rollenspiel *Vampire – The Masquerade*, das 1991 vom US-amerikanischen Verlag White Wolf ausgegeben wurde. Insgesamt sind Rollenspiele eine Form des kooperativen Geschichtenerzählens, welche durch einen Regelkorpus und Spielwerkzeuge (speziell Würfel) ergänzt wird. Diese werden genutzt, um in entsprechenden Situationen deren Ausgang zu bestimmen und die weitere Geschichte voranzutreiben. Innerhalb des Werkes *Vampire – The Masquerade* verkörpern die SpielerInnen ein Individuum, welches zu einem der hier im Folgenden beschriebenen VampirInnen wird. Zusammen mit anderen SpielerInnen durchlebt es die von der Spielleitung erdachten und erzählten Abenteuer. Die TeilnehmerInnen erleben diese am Spieltisch respektive in der fiktiven World of Darkness[4], einer dunklen, von allerlei übernatürlichen Wesen bewohnten Welt, die unserer Neuzeit in den frühen 2000ern gleicht.

Werkzeug für meine folgenden Ausführungen zum genannten Thema wird die qualitative Inhaltsanalyse sein.[5] Die qualitative Inhaltsanalyse wird dazu genutzt, fixierte Kommunikation, wie in diesem Fall Literatur zum Thema VampirInnen, einer genauen Betrachtung zu unterziehen, um durch die systematische Kategorisierung sowie Kodierung ihrer Inhalte und die anschließende Auswertung eine bestimmte Fragestellung zu beantworten. Theoretische Stützpfeiler werden der konstruktivistische Machtbegriff und die dazugehörige Theorie von Kraus (2014) sein. Innerhalb dieses Gedankengebäudes definiert Kraus zu allererst den Unterschied zwischen der objektiven Realität und der individuellen Lebenswelt des Individuums, um im Folgenden die Konzepte der destruktiven und der instruktiven Macht einzuführen. Diese beschreiben zwei Arten der Einflussnahme auf das Handeln eines Individuums: Destruktive Macht

4 Überbegriff und Setting für die meisten White Wolf Publikationen.

5 Mayring 2015.

bedeutet, die Handlungsmöglichkeiten eines anderen Menschen zu reduzieren, instruktive Macht bezeichnet die Möglichkeit, das Handeln eines anderen determinieren zu können oder zumindest die Chance dazu zu haben.[6] Dabei diskutiert Kraus, inwiefern die jeweiligen Arten von Macht durch die Interaktion von Ausübenden und Betroffenem/r ihre Anwendung finden.

Die BlutsaugerInnen in *Vampire* haben viele große und kleine Gemeinsamkeiten mit dem Dracula Stokers, wobei hier das Grundkonzept aufgebrochen und mit wesensfremden Charakteristika und religiösen Facetten erweitert wird. Genau wie Dracula sind die VampirInnen in *Vampire – The Masquerade* (im Folgenden auch VTM) untote Kreaturen, die zum Erhalt ihres Daseins das Blut ihrer Opfer zu sich nehmen müssen und einen inhärenten Trieb, dieses zu verzehren, besitzen. Die VampirInnen fürchten das Sonnenlicht und auch wenn sie der Pflock nicht töten kann, werden sie dennoch davon paralysiert. Hier hören die grundsätzlichen Gemeinsamkeiten erst einmal auf: Die als KainitInnen bezeichneten VampirInnen der *World of Darkness* besitzen eine kollektive Enstehungsgeschichte, aus der sich direkt die Charakteristika ihrer Daseinsform ergeben.[7] In dieser fiktiven Welt begann die Existenz der VampirInnen und ihrer Gesellschaft in biblischer Vorzeit: Der vampirische Namenspatron Kain wurde von Gott für den Mord an seinem Bruder Abel bestraft und aus dem Paradies verstoßen.[8] So wanderte Kain in das noch dunkle Land Nod und traf auf seinem Weg hintereinander drei Erzengel, die ihm für echte Reue die Rückkehr und Vergebung versprachen. Kain lehnte in Wut und Bitterkeit ab und erhielt jedes Mal eine weitere Schwäche, die unter anderem auch bei Dracula und anderen Wesen zu finden sind. Von diesen Momenten an waren alle VampirInnen anfällig für Feuer, unfähig, sich dem Licht der Sonne auszusetzen, untote Kreaturen und dazu erfüllt von einem animalischen Biest sowie dem Drang, Blut zu trinken. Zuletzt trat ein vierter Erzengel vor Kain und bot ihm gemäß der Worte: »for

6 Vgl. Kraus 2014, S. 105.
7 Vgl. Rein-Hagen u.a. 1999, S. 22–23.
8 Chupp u. a. 1994, 23–25.

even now there is a path opened, a road of mercy and you shall call this road (Golconda)« einen letzten Ausweg aus seiner verfluchten Existenz, den Pfad und die Erlösung.[9] Wie diese mittels Golconda zu erreichen ist, wird an späterer Stelle noch weiter erläutert. In weiteren Episoden erlangt Kain durch Lilith, eine Figur aus der jüdischen Tradition, Fähigkeiten, wie wir sie bereits an anderen Stellen gesehen haben[10]: Übernatürliche Stärke und Schnelligkeit, die Fähigkeit, sich zu verwandeln und sich andere untertan zu machen sowie weitere Gaben, z. B. das Wissen wie man mittels der Weitergabe des eigenen verfluchten Blutes Nachkommen zeugt. Mit dieser Entdeckung wird der Grundstein für die im Rollenspiel vertretene Gesellschaft und die hierarchische Struktur dieser gelegt. Jede/r VampirIn gehört, von Kain ausgehend, einer konkreten Generation an und verfügt daraus resultierend über ein bestimmtes Machtpotential und damit einhergehende Fähigkeiten. Jede Folgegeneration besitzt nicht nur ein geringeres Machtpotential, sondern bildet auch verschiedene Clans, da nicht allen Nachkommen der volle Umfang der als Disziplinen bekannten Fähigkeiten Kains vererbt wurde.[11] Die primäre soziale Stellung von VampirInnen bemisst sich dementsprechend nach der Zugehörigkeit zu einem Clan und der genealogischen Entfernung, in der das Individuum zu seinem Stammvater steht. Sekundär existieren auch bestimmte als ›Sekten‹ bezeichnete Gesellschaftsformen, in denen sich die KainitInnen[12] weiter organisieren. Für das Individuum gibt es keinen einfachen Weg zur Flucht oder zum Widerstand gegen dieses Gesellschaftssystem, man verharrt auf seinem Platz, gebunden durch den Fluch, der einen zu diesem unsterblichen Wesen gemacht hat. Einer der wenigen Auswege ist die als Diablerie bekannte Methode des Verzehrs eines/r älteren VampirIn. Durch das Aussaugen dieses/r Älteren gewinnt der/die TäterIn die Macht seines/ihres Opfers, ist jedoch sowohl sozial als auch metaphysisch durch

9 Ebd., S. 36.
10 Ebd., S.26–29.
11 Ebd., S. 52–54.
12 Überbegriff für alle Vampire, deren Stammvater Kain sein soll.

einen Makel in seiner/ihrer Aura zum/r Ausgestoßenen geworden.[13] Im Folgenden soll eine weitere Möglichkeit zum Ausbruch aus der Gesellschaft behandelt werden: der Kain gebotene Pfad Golcondas. Ausgehend vom Grundregelwerk des Rollenspiels *Vampire – The Masquerade* und unter Miteinbeziehung der beiden Zusatzregelbücher *Chaining the Beast* und *Sins of Blood* soll dieser Pfad zuerst beschrieben und dann weiter erläutert werden. Das Hauptregelwerk ist hier Ausgangspunkt, da dort VampirInnen als Wesenheiten charakterisiert und erste Hinweise auf das Konzept Golconda gegeben werden. Die beiden Zusatzwerke beleuchten verschiedene Aspekte des Pfades. *Sins of Blood* (2001) nennt fiktive Charaktere, die sich mit dem Thema auseinandersetzen und beschreibt die Stufen und Stationen, die diesen ausmachen. *Chaining the Beast* (2003) ist hingegen nicht direkt mit dieser Philosophie verbunden, bietet jedoch einen Überblick über andere und teilweise verwandte, ebenfalls Pfade genannte, Denkrichtungen.

Triebverzicht und der Pfad Golconda

Was hat Triebverzicht mit dem Pfad Golconda zu tun und inwieweit ist er dazu geeignet, aus dieser starren Hierarchie auszubrechen?

Generell ist Triebverzicht für die KainitInnen erst einmal ein selbstgewähltes Martyrium, das sie schwächt und anfälliger für die verfluchte Bestie macht, die in ihnen schlummert – eine Abwärtsspirale, die ohne geeigneten Ausweg in der Raserei endet, einer animalischen und ungezügelten Wut, in der das Wesen des/r VampirIn nur noch die gewaltsame Befriedigung seiner/ihrer Grundbedürfnisse kennt. Viele, vor allem junge VampirInnen versuchen dies, um den letzten Rest ihrer Menschlichkeit, der sie an ihr altes Leben bindet, zu bewahren. So wird es zumindest in der Literatur beschrieben.[14] Vielen missfällt zudem der Gedanke, ihre

13 Rein-Hagen u. a.1998, S. 225.
14 Rein-Hagen u. a. 1998, S. 22–23.

ehemaligen Mitmenschen nun als Beute zu jagen und ihnen Schaden zufügen zu müssen. Manche leben von Tierblut oder Blutkonserven. Jedoch verfügt beides nicht über dieselbe Potenz, um den ewig nagenden Hunger zu stillen.[15] So schreibt der/die ungenannte ErzählerIn im Hauptregelwerk: »some penitent vampires eke out an existence on animal blood«[16] oder »old blood is never as nourishing as fresh blood«[17] und unterstreicht damit die Notwendigkeit des Verzehrs frischen menschlichen Blutes.

Doch wie bereits im kurzen Exkurs in den Schöpfungsmythos der VampirInnen beschrieben, hat der letzte Erzengel, den Kain erblickte, ihm einen Ausweg aus seiner verfluchten Existenz gezeigt. Innerhalb der Fiktion wird dieser Weg als Golconda[18] bezeichnet. Die Verbindung zu den westlichen VampirInnen[19] besteht durch das als Vampirahn bezeichnete Wesen Saulot, welches der Fiktion zufolge in Indien unter Gurus die Erleuchtung fand und von da an diesen Pfad unter seinen Artgenossen predigte. Ziel dieses Pfades ist es, durch verschiedene Handlungen und Regeln den Blutfluch, den alle KainitInnen in sich tragen, zu brechen oder doch zumindest abzuschwächen. Manche Quellen gehen so weit, dass der/die VampirIn mit Erreichen dieses erleuchteten Zustandes sogar wieder zum Menschen wird und seine/ihre vampirische Existenz ablegt.[20] Je nachdem, welche Quelle bemüht wird, hat der Pfad Golcondas unterschiedliche Stationen und Voraussetzungen, die erfüllt werden müssen, um auf ihm voranzuschreiten. Einige dieser Bedingungen sind direkt mit der Spielmechanik des Rollenspiels verknüpft. Im Folgenden soll der Fokus jedoch auf dem fiktionalen Hintergrund liegen, insbesondere, da diese Spielmechaniken im Endeffekt abstrakter Ausdruck verschiedener persönlicher Aspekte der jeweiligen gespielten VampirInnen sind. Genannt

15 Rein-Hagen u. a. 1998, S. 22–23. sowie S. 140.
16 Vgl. Rein-Hagen u. a. 1994, S. 21.
17 Vgl. Rein-Hagen u. a. 1994, S. 140.
18 Vgl. McCoy u. a. 2001, S. 24–29.
19 Innerhalb der World of Darkness existieren verschiedene Existenzformen, die auch als VampirIn bezeichnet werden. Auf die dort als ›östliche VampirInnen‹ bezeichneten Formen wird in diesem Artikel jedoch nicht eingegangen.
20 Vgl. Rein-Hagen u. a. 1998, S. 219.

seien hier zum Beispiel die ›Menschlichkeit‹ des/der KainitenIn und der als »Blutpool« bezeichnete Indikator für die Menge an Blut/Nahrung, die dem Charakter in diesem Moment als Energie zur Verfügung steht.

Allen Varianten der Golconda-Erzählung gemein sind die hier weiter ausgeführten Stationen, die ein/e AspirantIn[21] durchmachen muss. Zuallererst muss die Vampirin bzw. der Vampir von Golconda gehört haben und lernen, um was es sich dabei handelt, da das Wissen hierum in den Annalen der Zeit immer wieder verloren ging und zudem bewusst nicht jedem zugänglich gemacht wird. Sofern sich das Individuum dieses Geheimnis aneignen konnte und, ebenso wie Saulot, einen Guru oder Wegweiser gefunden hat, folgt der nächste Abschnitt. In dieser eher vage beschriebenen Phase sehen sich die AspirantInnen einigen Prüfungen ausgesetzt, die für ihren weiteren Weg entscheidend sind. Die KainitInnen müssen ihren Blutdurst unter Kontrolle bringen und gerade nur so viel trinken, wie benötigt wird, um nicht der Raserei und damit dem Biest anheim zu fallen – im Hinblick auf das Wesen und das soziale Gefüge ein Akt der Rebellion, da das Blut zentraler Bestandteil der gesamten Lebenswelt ist. Blut oder *Vitae*, wie es im Spiel genannt wird, erhält und kräftigt die KainitInnen, es ist »all important to the kindred, for its both the crux of their existence and the seat of their power«[22]. So entziehen sich die VampirInnen zum einen dem Fundament ihrer Gesellschaft, dem Stoff, der definiert, zu welchem Clan sie gehören und an welcher Stelle sie in der Pyramide der Macht stehen und zum anderen den Konflikten, die um diese Ressource geführt werden. Des Weiteren wenden sie sich gegen ihr Innerstes, sie entsagen dem Genuss und dem Drang, der sie sonst beherrscht und üben sich in asketischer Enthaltsamkeit.

In der zweiten Phase beginnt der eigentliche Weg Golcondas. Dieser ist, genau wie die Schöpfungsgeschichte der KainitInnen, stark mit christlicher oder noch allgemeiner abrahamitischer Symbolik durchsetzt.

21 Der Aspirant/ Die Aspirantin (vom lat. *aspirare* = ›anhauchen‹, ›hinstreben‹) bezeichnet ein Individuum in AnwärterInnen/BewerberInnenposition auf eine höhere Stellung/Position in einem nicht näher genannten Kontext.

22 Vgl. Rein-Hagen u. a. 1995, S. 22.

Besonders der Aspekt der Bußfertigkeit und der schrittweisen Abkehr von den eigenen Sünden wird hier in den Vordergrund gestellt. So müssen die AspirantInnen die Sünden, die sie im Laufe ihres untoten Daseins begangen haben, erkennen und wahre Reue für ihre Verfehlungen fühlen. Der Erkenntnis folgt die Buße, so müssen sie für die begangenen Taten nach bestem Wissen und Gewissen versuchen, diese zu tilgen oder zumindest Wiedergutmachung leisten. Nach erfolgreichem Bewältigen dieser Station wartet noch ein letztes Hindernis auf den bzw. die VampirIn.

Die letzte Station ist die »Suspire«[23] genannte Prüfung, die jede/r Suchende bestehen muss. Gegenstand dieser Prüfung ist es, sich des eigenen Zustandes als VampirIn bewusst zu werden. Wie genau diese abläuft, ist auch in Quellen nicht weiter ausgeführt. Es ist jedoch bekannt, dass diese Prüfung immer einen individuellen Bezug hat und sich um die persönlichen Erlebnisse, das Selbst und die eigene verfluchte Seele dreht. Das Ende der »Suspire« kennt nur zwei festgelegte Ergebnisse: Entweder er oder sie scheitert für immer und verfällt in eine letzte Raserei und wird vollständig vom Biest übernommen, oder der/die VampirIn hat, wenn er/sie die Prüfung besteht, Golconda erreicht. Er/sie wird nicht länger in Konflikt mit der inneren Bestie stehen, kein oder nur noch sehr wenig Blut benötigen, die Schwächen des Clans betreffen ihn/sie nicht länger und in diesem Kontext am hervorstechendsten, seine/ihre Generation definiert nicht länger das eigene Machtpotential. So ist es theoretisch möglich, jede Disziplin zu lernen und sich über das sonst festgelegte Maß hinweg zu entwickeln. Alle äußeren Faktoren, die das eigene Leben bestimmten, verlieren letztendlich an Bedeutung und weichen der Harmonie der Bedürfnislosigkeit.

23 McCoy u. a. 2001, S. 28.

Interpretation

Innerhalb festgesetzter Strukturen agiert das Individuum/der/die VampirIn in erster Instanz nur aus dem Antrieb, die eigenen Bedürfnisse zu befriedigen und sich Genuss zuzuführen. Die eigenen Triebe und Ziele sind oberste Handlungsmaxime, so weit, dass sie innerhalb des Menschen zu einer zweiten Entität heranwachsen, mit der dieser in ständigem Widerstreit lebt. In letzter Instanz ist das Konsumgut (hier Blut) Maßstab der eigenen hierarchischen Positionierung. Dabei bemisst die Quantität und vor allem Qualität den grundsätzlichen Grad der sozialen Relevanz. Wer in der Hierarchie weiter oben steht, kann mittels des Guten die Möglichkeiten zum Aufstieg oder anderweitiger Bewegung innerhalb des Gefüges begrenzen oder steuern und so in seinem/ihrem Sinne gestalten. Eine solche Macht wird von Max Weber als »die Chance, innerhalb einer sozialen Beziehung den eigenen Willen auch gegen Widerstreben durchzusetzen, gleichviel worauf diese Chance beruht«[24] definiert, während den tiefer liegenden Schichten der Pyramiden keine oder äußerst begrenzte Gestaltungsmöglichkeiten verbleiben.[25] Hier findet der Machtbegriff von Kraus seinen Ansatzpunkt: Ältere Generationen unter den VampirInnen haben generell die Möglichkeit, sowohl mittels der destruktiven als auch der instruktiven Macht auf jüngere Generationen einzuwirken. Dabei begünstigt die Struktur der kainitischen Gesellschaft vor allem ersteres, da für jegliche Art des destruktiven Wirkens nur der Wille des/r Ausübenden notwendig ist, unterstützt durch geeignete Mittel zur Durchsetzung. Diese stehen den Eliten auf mehrere Arten zur Verfügung, sei es in Übereinstimmung mit dem Machtmodell von Kraus, durch simple »Gewaltanwendung mittels ihrer körperlichen Überlegenheiten oder durch das systematische Vorenthalten« [sic!] immaterieller und materieller Güter«[26]. So ist es ihnen nicht nur möglich, aktiv Handlungsspielraum einzuschränken, sondern auch die Lebenswelt der Unterlegenen nach-

24 Weber zitiert nach Kraus 2014, S. 110.
25 Vgl. Rein-Hagen u. a. 1996, S. 23.
26 Kraus 2016, S. 126.

haltig zu beeinflussen und dauerhaft Kontrolle auszuüben. Grundsätzlich komplizierter für die bereits genannten AkteurInnen ist die Ausübung ihrer Macht mittels instruktiver Einflussmöglichkeiten. Theoretisch hat laut Kraus die Zielperson/das Opfer der Machtausübung die Möglichkeit, sich durch Widerstand gegen die Einwirkung zu wehren. Hier tritt im Gegensatz zur destruktiven Macht eine soziale Komponente hinzu, da die herausgehobene Position des Machthabers vom Rezipienten akzeptiert oder zumindest anerkannt werden muss. Effektiv ist es dem oder der vampirischen AkteurIn möglich, sofern er/sie bereits die destruktiven Mittel innehat, auf diese zurückzugreifen, da die Grundpfeiler beider Machtarten dieselben sind: Blut, Generation und gesellschaftliche Stellung – eine Trinität, die sich gegenseitig bedingt.

Das Konzept Golconda setzt hier auf verschiedene Arten an: Es entwertet das Konsumgut Blut als gesellschaftskonstruierendes Mittel und stellt ihm stattdessen Ideale wie Genügsamkeit, Mitgefühl und Friedfertigkeit entgegen. Dies steht in starkem Kontrast zu den eher animalischen Werten wie Dominanz, Kraft und Aggressivität, welche in direkter Verbindung zum Blut stehen. Einem materiellen Reichtum wird hier ein geistiger Reichtum entgegengestellt, der moralische Werte in den Vordergrund stellt und versucht, strikte Hierarchien durch einen flexibleren Machtdiskurs zu ersetzen. Des Weiteren eröffnet Golconda dem- oder derjenigen, der/die es erreicht, die Möglichkeit, sich innerhalb des sozialen Systems frei von den Regulierungsmöglichkeiten der MachthaberInnen zu bewegen und die Struktur des Gefüges aktiv mitzugestalten. Durch das Erreichen dieses Zustandes erhält der/die erfolgreiche VampirIn die Möglichkeit, die strikte Verteilung der Machtmittel aufzubrechen und seine/ihre neugefundene Ausnahmestellung in mehrerlei Hinsicht zu nutzen. Auf individueller Ebene erhält der/die RezipientIn das Vermögen, selbst ein entsprechendes Maß an Machtmitteln zu erhalten (Stärke des Blutes, politischer Einfluss, etc.) und Versuche destruktiver Einflussnahme auf die eigene oder die Person anderer zu regulieren. Dies spielt auch in Hinblick auf instruktive Macht über den/die VampirIn eine Rolle. Die für die Funktion dieser Ausübungsweise notwendigen Zuschreibungen sehen sich einem potentiellen Wandel unterzogen. So können sie durch die plötzliche strukturelle Ungebundenheit des erleuchteten Individuums komplett an Bedeutung verlieren, sich ins Gegenteil verkehren oder auf die eine oder andere Art und Weise in Handlungen destruktiver Machtausübung münden. Zu guter Letzt birgt eine weitere Verbreitung des erlangten Wissens das Potential, bestehende Hierarchien und (Un)Lebensweisen aufzulösen, wenn nicht länger dem Wesen inhärente Zwänge und Bedürfnisse sowie Generation und Clan die eigene soziale Stellung und Lebenswelt determinieren. Inwiefern spielt diese Art des Verzichts nun in der realen Welt eine Rolle oder wie wird sie diskutiert?

Zur Interpretation kann man die Ausführungen von Macho (2010) zu Askese als Lebensmodell und von Hamelink (1995) zur Persönlichkeitsentfaltung heranziehen. Es zeigen sich Parallelen zwischen den beiden Gedankengängen: Beide beschreiben Möglichkeiten oder Verfahrensweisen, die es Menschen ermöglichen sollen, ihre Lebenswelt mittels interner Gedankenprozesse zu beeinflussen. Macho, mit Blick auf den Menschen und das Individuum im Speziellen, schreibt hierzu: »Er parierte die internalisierten Unterwerfungszwänge des alltäglichen Gehorsams – einer nicht nur sozial verträglichen, sondern geradezu sozial konstitutiven Besessenheit«[27] und artikuliert hier die gesellschaftlichen Normen und Verhaltensweisen speziell auch im Hinblick auf Bedürfnisbefriedigung als Zwänge, die das Individuum und sein Handeln bestimmen oder zumindest stark beeinflussen. Der bewusste Akt des Zurücknehmens, des Verzichts auf die Befriedigung eigener Gelüste stellt also in gewisser Weise eine Art Befreiungsschlag des eigenen Ichs dar, welcher dem Individuum erlaubt, selbst autonomer zu agieren und wie Hamelink schreibt »unfold their identities«[28]. Dieser aktiv herbeigeführte »Verlust aller Ängste vor Leiden und Schmerzen«[29] sowie der Verlust zwanghafter Bedürfnisse erzeugt laut Macho eine erfüllte Leere.[30] In dieser streift das Individuum, ähnlich wie

27 Macho in Gronau, Lagaay 2010, S. 115.
28 Vgl. Hamelink 1995, S. 142.
29 Vgl. Macho in Gronau, Lagaay 2010, S. 116.
30 Ebd.

weiter oben im Kontext Golcondas beschrieben, externe und internalisierte Mechanismen ab, um sich selbst näher zu kommen und seine eigene soziale Position sowie das eigene Wesen freier gestalten zu können. Hier sind deutliche Parallelen zum Buddhismus zu erkennen. Einer der Grundpfeiler dieser Religion sind die vier »Edlen Wahrheiten«[31], in denen der Prozess Leidensbewältigung und die Verknüpfung des Leids mit weltlichen Bedürfnissen das Zentralmotiv darstellen. Am Ende dieses Prozesses steht im Buddhismus die Selbsterkenntnis und die Leere/der Einklang mit sich selbst, welche/r schlussendlich in erfüllter Nichtexistenz (Nirwana)[32] mündet. Demzufolge kann man das Rollenspiel *Vampire – The Masquerade* als aktuelleren belletristischen Beitrag zu Diskursen in Bezug auf Konsumverhalten und Self-Empowerement durch Selbstregulierung betrachten.

Literatur- und Quellenverzeichnis

Behandelte Spiele:

Chupp, Sam; Greenberg, Andrew (1995): The Book of Nod. Clarkston: White Wolf Publishing (Hrsg.).

Mccoy, Angel; McFarland, Matthew; Mosqueira-Asheim, Joshua; Rosenberg, Aaron; Soulban, Lucien (2001): Sins of Blood. Clarkston: White Wolf Publishing (Hrsg.).

Rein-Hagen, Mark; Brown, Steven C.; Dowd, Tom; Greenberg, Andrew; McDonough, Chris; Stevens, Lisa; Timbrook, Joshua Gabriel; Wieck, Stewart (1998): Vampire – The Masquerade Revised Edition. Stone Mountain: White Wolf Publishing (Hrsg.).

31 Reclam 1983, S. 22.

32 Vgl. Reclam 1983, S. 28.

Genutzte Literatur

Begemann, Christian; Hermann, Britta, und Neumann, Harald (Hrsg.) (2008): Dracula unbound. Kulturwissenschaftliche Lektüren des Vampirs. Berlin: Rombach Litterate.

Hamelink, Cees (1995): World Communication. Disempowerement and Self-Empowerment. New Jersey: Zed Books Ltd.

Kraus, Björn (2014): Soziale Arbeit – Macht – Hilfe und Kontrolle. Grundlegung und Anwendung eines systemisch-konstruktivistischen Machtmodells. In: Kraus, Björn; Krieger, Wolfgang (Hrsg.): Macht in der Sozialen Arbeit. Interaktionsverhältnisse zwischen Kontrolle, Partizipation und Freisetzung. S. 95–120. Lage: Jacobs Verlag.

Kraus, Björn (2016): Macht – Hilfe – Kontrolle. Grundlegungen und Erweiterungen eines systemisch-konstruktivistischen Machtmodells. In: Kraus, Björn; Krieger, Wolfgang (Hrsg.): Macht in der Sozialen Arbeit. Interaktionsverhältnisse zwischen Kontrolle, Partizipation und Freisetzung. S. 101–130. Lage: Jacobs Verlag.

Macho, Thomas (2010): Askese als kreative Strategie. In: Gronau, Barbara; Lagaay, Alice (Hrsg.): Ökonomie der Zurückhaltung. Kulturelles Handeln zwischen Askese und Restriktion, S.115–128. Bielefeld: transcript Verlag.

Mayring, Philipp (2015): Qualitative Inhaltsanalyse. Grundlagen und Techniken, Weinheim: Beltz.

Reclam Universalbibliothek Band 1009 (1983): Die vier Edlen Wahrheiten. Leipzig: Philipp Reclam Verlag.

Blutverzehr in dunklen Gassen

Zeichen und Orte des Vampir-Genres im digitalen Spiel

Nils Bernd Michael Weber

Abstract

Die Vampirfigur und das Vampir-Genre haben seit Erscheinung der kommerziell erfolgreichen Kinofilmreihe *The Twilight-Saga* im Jahr 2008 wieder erhöhte Beachtung genossen. Doch auch andere Medienprodukte verwendeten und verwenden die blassen Blutsauger_innen zur Ausstaffierung zahlreicher Narrationen. Das digitale Spiel weist seit den späten 1970er Jahren und bis heute ein profundes Verständnis von diversen Vampirfiguren auf, die das Genre geprägt haben. Die semantischen Zeichen und der mit diesen korrespondierende syntaktische Rahmen illustrieren unter genauer Beobachtung eine Evolution und damit veränderte Genrestruktur, die sich durch die interaktiven Eigenschaften des digitalen Spiels, trotz Konvergenzen, vom Medium Film unterscheidet. Unter der Betrachtung dreier digitaler Spiele der vergangenen 40 Jahre und deren Ikonographie sowie Topographie werden Merkmale der Spiele semantisch und genreanalytisch herausgearbeitet und zu einer Verortung des Vampir-Genres innerhalb Knut Hickethiers (2003) 4-Phasen-Modell herangezogen.

Die Semantik und Syntax des Vampir-Genres

Während der 1970er Jahre fokussierten sich erste Untersuchungsansätze der Genreanalyse innerhalb der US-amerikanischen Filmwissenschaften auf ikonographische Zeichen und die damit verbundenen semantischen Charakteristika von Figuren und Topographien im Gangster- und Horrorfilm[1]:

> [...] the major defining characteristics of genre will be visual: guns, cars, clothes in the gangster film; clothes and dancing in the musical (apart from the music, of course!); castles, coffins, and teeth in horror movies.[2]

Buscombe bezog sich erstmals auf die Deutung von semantischen Zeichen zur Verortung von filmischen Werken innerhalb des Horror-Genres, obgleich zu dieser Zeit der Etablierung einer filmischen Genretheorie der Western und der Gangsterfilm im Vordergrund standen.[3] Nichtsdestotrotz legte Buscombe repetitiv erscheinende Merkmale des Vampir-Genres fest, wenngleich dieses zur damaligen Zeit noch kein eigenständiges Genre herausgebildet hatte. Bereits vor Buscombes Erhebungen florierte das Motiv des Vampirismus in Horrorfilmen und markierte einen Höhepunkt seiner Gattung, nachdem es zuvor in der unmittelbaren Nachkriegszeit der 1950er Jahre nahezu verschwunden war.[4] Statt jedoch die Thematik des Vampirismus in seiner Ernsthaftigkeit zu beleuchten, wie dies noch zu Zeiten von *Nosferatu – Eine Symphonie des Grauens* (1922) oder *Dracula* (1958) der Fall gewesen war, entstanden Parodien des Genres wie etwa Roman Polanskis *Tanz der Vampire* (1967), der auf die damals bekannte Ikonographie und Topographie der Vampirfigur und ihrer Umgebung zurückgriff. Dieser Umschwung der Inszenierung lässt sich mit Hilfe des 4-Phasen-Modells nach Knut Hickethier erörtern und somit

1 Vgl. Hartmann in Montage/AV 8/99, S. 111.
2 Buscombe in Screen 12/70, Nr. 2, S. 41.
3 Vgl. Hartmann in Montage/AV 8/99, S. 111.
4 Vgl. Götz von Olenhusen in Pešek/Wiesemann (Hrsg.) 2011, S. 151.

den Zustand und historischen Wandel eines Genres feststellen. Ein Genre durchläuft demnach die vier Phasen der Entstehung, Stabilisierung, Erschöpfung und Neubildung.[5] Die erste Phase der Entstehung beschreibt nach Hickethier den Erfolg bestimmter Filme bei der Zuschauer_innenschaft. Auf dieser Grundlage werden Kopien geschaffen, bis eine Kombination von Motiven, Zeichen und Typen entdeckt ist, die wiederum erfolgreiche Reproduktionen ermöglicht.[6] In der Genrestabilisierung entstehen stetig neue Varianten, die allerdings im Kern noch mit dem zuvor etablierten Genre-Muster übereinstimmen[7], während sich in der Phase der Erschöpfung diese Muster für die Zuschauer_innen abnutzen, an kultureller Legitimation verlieren und letztlich Genreparodien entstehen.[8] In der darauffolgenden letzten Phase der Neubildung wird durch mehrere Überraschungserfolge des Genres und der wiederkehrenden Aufmerksamkeit[9] sowie durch technische Neuerungen oder Retro- und Nostalgieeffekte[10] das Genre erneuert. Diesbezüglich können Filmreihen wie die *Underworld-Saga*[11] aufgrund ihrer Inkludierung der Figur des/der Werwolfs/Werwölfin, der Etablierung einer weiblichen Hauptprotagonistin sowie der Verlagerung in der Darstellung von Vampir_innen, weg von blutsaugenden Monstern hin zu mutigen Held_innen, als eine kontemporäre Neubildung des Vampir-Genres gesehen werden. Eine solche Genealogie erscheint jedoch als unzulässige Vereinfachung, da im neuen Jahrtausend zahlreiche Genrevariationen und -hybride erschienen sind. Eine genauere Betrachtung an dieser Stelle würde jedoch vom eigentlichen Thema wegführen. Um diesen Punkt nicht unkommentiert zu lassen, sei hier auf Jelka Göbels Publikation *Neues Jahrtausend, neuer Vampirfilm? Kontinuität und Wandel des Genres* (2012) verwiesen, welches die kontemporäre

5 Hickethier in Felix (Hrsg.) 2003, S. 71–73.
6 Vgl. ebd. S. 71–72.
7 Vgl. ebd. S. 72.
8 Vgl. ebd. S. 72–73.
9 Vgl. ebd. S. 73.
10 Vgl. Kuhn et al. (Hrsg.) 2013, S. 7.
11 Eine vollständige Liste der bislang produzierten filmischen Werke der *Underworld-Saga* kann der Filmografie des vorliegenden Beitrags entnommen werden.

Kinofilmlandschaft und die Artungen des Vampir-Genres tiefgehender erörtert.[12]

Trotz der beschriebenen Genre-Evolution und des damit einhergehenden Umschwungs operieren sämtliche Genre-Filme mit einer Anzahl von semantischen Zeichen, die in einem syntaktischen Arrangement eingebettet sind. In diesem Sinne stehen die Zeichen in Beziehung zueinander und sollten im Kontext einer Reziprozität zwischen sich selbst und einem syntaktischen Rahmen gelesen werden.[13] Genretypische, repetitiv auftretende Zeichen (z. B. Gegenstände) definieren somit ein Genre, obgleich sie in einer Wechselwirkung mit der Syntax (Arrangement) stehen. Ein Beispiel für diesen »semantic/syntactic approach«[14] sind etwa die spitzen Zähne der Vampir_innen, die zur Blutaufnahme verwendet werden (Semantik). Sie sind nicht nur Mittel zum Zweck des Überlebens, sondern trennen die Vampir_innen als Untote und bestialische Wesen scharf von den Lebenden (Menschen) und markieren Überlegenheit und übermenschliche Kräfte (Syntax).

Allerdings bedient sich nicht nur der Kinofilm des Vampirismus und dessen Semantik sowie Syntax. Auch das digitale Spiel konstituiert die Narration und Spielwelt zahlreicher Spieletitel auf dem Mythos der blassen, bluttrinkenden Wesen mit spitzen Zähnen und deren düsteren Umgebung. Diese Semantik und Topographie des vampirischen Wesens kann als Prototyp eines repetitiv auftretenden Vampirbildes gesehen werden, obgleich diverse digitale Spiele sich dieser Merkmale auf unterschiedlichste Art bedienen. Dabei verändert sich nicht nur die Erscheinung der vampirischen Figur, sondern ebenso die mit ihr verbundenen »quasi-indexikalischen Zeichen«, wie Franziska Ascher in *Die Narration der Dinge Teil II* als Beitrag zu den Game Studies erläutert (2014). Diese Zeichen stellen einen Konnex mit der Thematik des Vampirismus her. Gemeint

12 Jelka Göbels *Neues Jahrtausend, neuer Vampirfilm? Kontinuität und Wandel des Genres* illustriert die Entwicklung des Vampir-Genres der vergangenen 90 Jahre und geht dabei neben optischen Divergenzen zwischen vergangenen und kontemporären Vampirerscheinungen auch auf narrative Transformationen ein.

13 Vgl. Altman in Grant (Hrsg.) 2003 [1986], S. 31.

14 Ebd.

sind damit die spitzen Zähne und das Trinken von Blut sowie das Schlafen in Särgen, die Abneigung gegenüber Kruzifixen und Knoblauch oder das oftmals als Wohnstätte auftauchende dunkle Schloss und andere genretypische Merkmale.

Diese ikonographischen und topographischen Zeichen haben über die Zeit im digitalen Spiel, ähnlich wie im Kinofilm, eine Genre-Evolution erfahren. Wurden die Zeichen innerhalb der Genreanalyse bezüglich des Vampirismus im digitalen Spiel bislang nicht herangezogen, soll ein Querschnitt durch die Historie der digitalen Spiele ein facettenreiches Bild der Vampirfigur geben und die Verortung im Vampir-Genre untermauern.

Vampir_innen im digitalen Spiel: Vampirische Zeichen und dunkle Orte

The Count, ein früher Genrevertreter aus den 1970er und 1980er Jahren, orientiert sich beispielsweise recht starr an dem zuvor beschriebenen Bild der prototypischen Vampirfigur, während die Spiele-Serie *Vampire: The Masquerade* einige der typischen Merkmale ad acta gelegt hat. *Vampyr* weist wiederum prototypische Zeichen des Vampir-Genres auf, die jedoch durch eine komplexe Narration eine neuartige Inszenierung erfahren. Diese Veränderungen innerhalb der drei genannten Genrevertreter sollen auf der Grundlage der semantischen, genreanalytischen Ansätze von Rick Altman (2003) und Edward Buscombe (1970) exemplarisch erörtert werden und aufzeigen, in welchen ikonographischen und topographischen Beziehungen sich das Vampir-Genre im Laufe der Historie verändert hat. Darauf aufbauend soll überprüft werden, in welche Phase des 4-Phasen-Modells nach Knut Hickethier sich das Genre verorten lässt.

Blut, Pflock, Fledermaus, spitze Zähne, ein dunkles Schloss, eine dunkle Stadt – eine Liste an semantischen Zeichen des Vampir-Genres, die noch erweitert werden könnte. Durch die stetige Reproduktion von audiovisuellen Medien können die Begriffe Assoziationen auslösen, die mit dem Phänomen des Vampirismus verknüpft sind. Dies betrifft neben Büchern, Filmen und Serien auch das digitale Spiel. Durch den andauernden Wandel des Vampir-Genres verändert sich der Einsatz von vampirischen Zeichen und Topographien, die ludisch und narrativ zur Anwendung kommen.

Die nachfolgend gewählten Beispiele digitaler Spiele zeigen exemplarisch einen solchen semantischen Umschwung der Bedeutung und Verwendung von, ab hier sogenannten, vampirischen Zeichen und Örtlichkeiten im Laufe der Video- und Computerspielgeschichte. Deutlich wird dies unter anderem an der Konnotation von verschiedenen Zeichen und Riten wie beispielsweise der Vernichtung[15] von Vampir_innen durch die Perforation ihrer Herzen mit einem spitzen Gegenstand (meist dem Pflock). Durch die narrativen und ludischen Genre-Evolutionen verlieren diese Konnotationen an Bedeutung.

Der prototypische Vampir: *The Count*

> You wake up in a large brass bed in a castle somewhere in Transylvania. Who are you, what are you doing here, and WHY did the postman deliver a bottle of blood? You'll love this adventure, in fact, you might say it's LOVE AT FIRST BYTE …
>
> *(The Count, Klappentext der Spieleverpackung)*

The Count ist ein erstmals im Jahr 1979 veröffentlichtes *text-based adventure* (auch: *interactive fiction*[16]), welches bis heute auf 17 verschiedenen

15 Es wurde der Begriff der *Vernichtung* gewählt, da Vampir_innen als untote Wesen gelten und dementsprechend nicht *getötet* werden können.

16 Der Begriff *interactive fiction* wurde erstmals 1979 durch den Spieleentwickler Robert Lafore geprägt, der seine eigens entwickelten *text adventure-Spiele* auf diese Weise bezeichnete (vgl. Maher 2013), deutsch: »interaktive Geschichten«. Zur Steuerung der Spielfigur wird eine Texteingabe per Tastatur verlangt. Im Kontrast zum *text-based adventure* weist das Spiel jedoch grafisch simulierte Umgebungen auf.

Computer- und Videospielsystemen erschienen ist. Die von den Spieler_innen gesteuerte und nicht näher beschriebene Spielfigur wird von transsilvanischen Ortansässigen angeheuert, um Graf Dracula in seinem Schloss zu vernichten. Das gesamte Spielgeschehen erstreckt sich dabei über den Zeitraum von drei Tageszyklen, an denen für jeden Zyklus bestimmte Tätigkeiten vollzogen werden können und müssen, um die Narration erfolgreich zu einem linearen Ausgang zu führen. Die Spielmechanik umspannt dabei das Einsammeln, Kombinieren und Verwenden gefundener Gegenstände, um mit diesen Rätsel zu lösen. Hierbei bewegen sich die Spieler_innen per text-basierter Verb-Nomen-Eingabe, wie etwa »Go room«, durch den digitalen Raum.

Aufgrund der zunächst fehlenden visuellen Begleitung der Narration konnten die Spieler_innen die vampirischen Zeichen lediglich aufgrund ihrer Beschreibung imaginieren, diese waren ausschließlich textlich erwähnt. Diese textlichen Erwähnungen beschränkten sich dabei auf Zeichen, die für den Spielverlauf und das Voranbringen der Narration von Wichtigkeit waren. Eine weitere Version des Spiels, welche kurze Zeit nach der Erstveröffentlichung erschien, wurde grafisch durch Illustrationen erweitert (*graphic adventure*[17]) und ermöglichte den Spieler_innen visuelle Eindrücke zu den im Spiel verwendeten Zeichen. Doch neben den narrativen und ludischen Zeichen, die im Spiel selbst Anwendung finden, zeigen die zugehörigen Spielschachteln der unterschiedlichen Versionen (*text-based* und *graphic adventures*) diverse Gegenstände und unterschiedliche Illustrationen der Vampirfigur, die bereits vor Spielbeginn erste Assoziationen mit dem Vampir-Genre ermöglichen. Interessanterweise unterscheidet sich der Fokus auf einzelne Zeichen von Spieleverpackung zu Spieleverpackung. Die Analyse der erschienenen Spielverpackungen ermöglicht somit einen ersten Eindruck von den im Spiel auftretenden

17 Deutsch: »Grafikabenteuer«. Subgenre des *adventures* (»Abenteuerspiels«). Es verwendet Illustrationen und andere grafische Elemente, um den Spielinhalt zu vermitteln. Die Spieleingabe reicht dabei von einer textbasierten Eingabe via Tastatur bis zur Eingabe per Maus und dem damit verbundenen Mauszeiger auf dem Bildschirm.

vampirischen Zeichen und bietet aufgrund der unterschiedlichen Zeichen einen Überblick zum ersten grafischen digitalen Spiel des Vampir-Genres seiner Art.

Vampirische Spieleverpackungen

Im Rahmen der Veröffentlichung des Spiels auf zahlreichen Plattformen wurden unterschiedliche Umverpackungen gestaltet, die auf Variationen der verwendeten Zeichen hinweisen. Die Spieleverpackung zur Version des Commodore VIC-20[18] stellt den Vampir und somit die namensgebende Figur Graf Dracula, seinen charakteristischen Umhang sowie seine spitzen Zähne in den Vordergrund (Abb. 1). Zudem ist eine Fledermaus über der rechten Schulter des Grafen zu erkennen. Mit Einführung der beschriebenen ingame[19]-Graphikelemente veränderte sich auch die jeweilige illustrative Gestaltung der Umverpackungen. Zwar steht immer noch Graf Dracula im Fokus der Spieleverpackung der Atari 400/800-Version[20], jedoch ist dieser wesentlich persiflierter illustriert (Abb. 2). Die Gesichtszüge wirken überzeichnet. Sein Umhang und die Arme bilden die Form von Flügeln, vergleichbar mit denen einer Fledermaus. Auch hinter dem Titelschriftzug sind Fledermäuse zu erkennen. Im Kontrast zu diesen intentional vereinzelt gewählten Zeichen weist die Spieleverpackung der TRS-80-Version[21] eine Akkumulation von genretypischen vampirischen Zeichen auf. Es ist allerdings auffällig, dass die Figur des Grafen nicht

18 Erster Heimcomputer von Commodore aus dem Jahr 1981. Der Name ist von seinem Videochip, dem VIC, und der Größe seines Speichers (20 kB) abgeleitet.

19 Deutsch: »im Spiel«. Der Begriff beschreibt ein Geschehen, welches in einer virtuellen Welt konstituiert ist.

20 Die Atari 400 und 800 Heimcomputer kamen erstmals 1979 auf den US-amerikanischen Markt. Die 400-Version galt dabei als etwas leistungsschwächeres Einsteiger-Modell (rund 1 500 D-Mark) im Vergleich zum 800-Modell (rund 3 000 D-Mark).

21 Der TRS-80 Modell 1 von RadioShack war neben dem Apple II und dem Commodore PET 2001 der erste kommerzielle Heimcomputer auf dem Markt. Er wurde 1977 veröffentlicht und kostete damals rund 3 000 D-Mark.

Abb. 1 Bildschirmabgriff der The Count-Spieleverpackung, 1981. Version: VIC-20.

Abb. 2 Bildschirmabgriff der The Count-Spieleverpackung, 1981. Version: Atari 400/800.

Abb. 3 Bildschirmabgriff der The Count-Spieleverpackung, 1979. Version: TRS-80.

aufgegriffen, sondern durch eine prominente Vampirfledermaus unter dem blutigen Spieltitel ersetzt wurde. Stattdessen bildet das Portal des gräflichen Schlosses das Gesicht des sonst abwesenden Dracula (Abb. 3). Hammer und Pflock sowie ein an Graf Dracula adressiertes Paket sind vor dem Eingangstor des Grundstücks platziert. Der Absender des Pakets verweist auf die Figur Graf Yorgas, die eine Referenz zum Vampir-Film *Count Yorga: Vampire* darstellen könnte. Die beiden zuletzt erörterten Spieleverpackungen, ihre genretypischen Zeichen und karikaturistische Gestaltung könnten intentional gewählt sein und sich an das noch nachhallende Phänomen der filmischen Genreparodien aus den 1960er und 1970er Jahren anlehnen, die oben bereits beschrieben wurden.

Eine alternative Variante der Umverpackung der Atari 400/800-Version zeichnet die Vampirfigur Graf Dracula weniger karikaturistisch, gleichwohl die Erscheinung auf wiederkehrende Zeichen, wie den schwar-

Abb. 4 Bildschirmabgriff der alternativen The Count-Spieleverpackung, 1981. Version: Atari 400/800.

zen Umhang und die vage zu erkennenden spitzen Zähne, zurückgreift (Abb. 4). Bezeichnend für diese Illustration ist eine Präzisierung der steuerbaren Spielfigur, die das Geschlecht in den Fokus setzt. Wurde die steuerbare Spielfigur zuvor noch als persönlichkeitslose Instanz präsentiert, bietet die beschriebene Spieleverpackung neue Indizien bezüglich einer mutmaßlichen Figurenzeichnung. Einen Beleg für diese Theorie stellen die Gegenstände Hammer und Pflock dar, mit denen Graf Dracula im narrativen Finale des Spiels vernichtet wird. Diese hält die weibliche Figur auf der Spieleschachtel in ihren Händen. Hier gewährt auch das hochgeschlitzte Kleid der weiblichen Rückenfigur den Blick auf ein nacktes Bein. Dieses Detail der Schachtel in Verbindung mit der ersten Spielszene, in der ebenfalls nackte Beine zu sehen sind, stützt, in Bezug auf das angenommene weibliche Geschlecht der steuerbaren Spielfigur, diese Annahme.

Bislang unbeachtet, jedoch nicht weniger bemerkenswert, ist die Topographie und somit der Schauplatz des Spiels. Dieser wird auf allen Spieleverpackungen in gleicher Weise implementiert und steht stets mit der Figur des Graf Dracula in Verbindung: ein dunkel inszeniertes Schloss. Dieses ist auf allen beschriebenen Spielverpackungen zu erkennen, wenn auch im Hintergrund platziert oder textlich per einleitendem Klappentext. Durch dieses topographische Motiv sowie die Figur Dracula lassen sich historische Rückschlüsse auf Vlad III. Drăculea (deutsch: »Der Sohn des Drachen«) ziehen, der Bekanntheit durch die ihm nachgesagte Grausamkeit erlangt hat.[22] Diese Grausamkeit brachte ihm schließlich um 1550 den Beinamen Țepeș (deutsch: »Der Pfähler«) ein, da er angeblich seine osmanischen Gefangenen pfählen ließ.[23] Bis heute wird Vlad III. mit dem Schloss Bran (deutsch: Törzburg) in Siebenbürgen/Transsilvanien, Rumänien in Verbindung gebracht, das als seine Residenz fungiert haben soll. Diesbezüglich scheinen die topographischen Bezüge des Spiels *The Count* auf Schloss Bran sowie auf den Beinamen des Vlad III. Drăculea offensichtlich und bieten einen historischen, syntaktischen Rahmen für die Narration des Spiels.

Hammer, Pflock und Zigarettenrauch

Nachdem die Spieleverpackungen Einblicke zu genretypischen semantischen Zeichen liefern, ist anzunehmen, dass diese ebenso im eigentlichen digitalen Spiel Anwendung finden. Wie bereits der angeführte Klappentext der Spieleverpackung zu Beginn dieses Kapitels beschreibt, erwacht die steuerbare Spielfigur in einem Bett auf einem Schloss in Transsilvanien ohne Erinnerung an vorherige Ereignisse. Während der Exploration des Schlosses begegnet die Spielfigur prominenten Objekten, die für das gesamte Genre prägend sind und auch eine typische Funktion mit sich bringen. Essentiell sind dabei Hammer und Pflock, Zigarettenrauch und

22 Vgl. Harmening in Wachinger et al. (Hrsg.) 1980, S. 221–223.
23 Vgl. Garza 2010, S. 145–146.

Knoblauch. Während Hammer und Pflock verwendet werden, um Graf Dracula zu vernichten und Knoblauch, um sich während der Schlafphasen der Spielfigur dem Biss Draculas zu entziehen (obgleich die Spielfigur im Verlauf des Spiels stets gebissen wird)[24], hat der Zigarettenrauch im letzten Spielabschnitt die Funktion, den Sarg mit dem ruhenden Grafen sichtbar zu machen. Ergebnisse der rumänischen Volkskunde verweisen im Hinblick auf die Alltagsreligiosität auf den Rauch von Zigaretten als Einschließen Draculas in seinem Grab und dementsprechend als ›Waffe‹.[25] Andere Zeichen werden peripher oder persiflierend in die Narration eingebunden. So ist der Biss des Grafen indexikalisch[26] zur Nahrungsaufnahme zu sehen und das Vorbeifliegen einer lächelnden Fledermaus als Persiflage des Glaubens, dass sich der Graf in eine Vampirfledermaus verwandeln könne, die sich ausschließlich vom Blut anderer Säugetiere und Vögel ernähre.

Zusammengefasst illustriert *The Count*, basierend auf der Ikonographie und Topographie, ein prototypisches Genreverständnis, das an historische Erzählungen anschließt, deren Interpretation sich an der rumänischen Volkskunde orientiert und diese teils humoristisch verarbeitet. Gerade in Bezug auf den letzten Punkt lassen sich Parallelen zu der damaligen persiflierenden Filmlandschaft des Genres und einer humoristischen Andeutung innerhalb des Klappentextes der Spieleverpackung (»Love at First BYTE«) ziehen.

24 Siehe dazu einen Verweis in Jacob Gunness' »The Count Walkthrough, Hints and Tips for PC Games«. Die Komplettlösung des Spiels hält fest, dass die Spielfigur trotz des schützenden Knoblauchs nicht Draculas Biss entgehen kann.

25 Vgl. Miller 1999, S. 1–2.

26 Vgl. Trabant 1996, S. 22: Der Begriff »indexikalisch« ist hierbei der Semiotik entlehnt und bezeichnet ein Hinweisungszeichen, dessen Zeichencharakter aus einer direkten, physischen Beziehung zwischen ihm und einem indirekten Bezeichneten besteht.

Vampir_innen in *Vampire: The Masquerade – Bloodlines*

Die Spielereihe *Vampire: The Masquerade* (2000–2004) basiert, im Kontrast zu *The Count*, semantisch und topographisch auf dem gleichnamigen Pen-&-Paper-Rollenspiel[27] (Ersterscheinung: 1991) von Mark Rein-Hagen und dem damit verknüpften narrativen Fundament der *World of Darkness*. Die *World of Darkness* subsumiert dabei die *One World of Darkness* (1991) und die *Chronicles of Darkness* (ab 2004). Letztere findet Anwendung in dem digitalen Spiel *Vampire: The Masquerade – Bloodlines* (2004) (im Weiteren: *Bloodlines*), dem zweiten Teil der Spieleserie, das im Folgenden hinsichtlich seiner Ikonographie und Topographie exemplarisch analysiert werden soll. Im Allgemeinen löste die *World of Darkness* einen Paradigmenwechsel innerhalb des Vampir-Genres aus und generierte neue Ideen für die Szene.[28]

Eine Spielwelt voller Dunkelheit

Die *Chronicles of Darkness*, die als narrative Vorlage für *Bloodlines* dienen, ähneln in ihrer semantisch-syntaktischen Rahmung und Topographie dem 21. Jahrhundert. Ihre Welt ist jedoch dunkler und konspirativer. Es herrscht eine Dichotomie zwischen Arm und Reich sowie eine ubiquitäre Machtasymmetrie, die durch Dekadenz, Zynismus und Korruption geprägt ist. Menschen fungieren als Opfer geheimer Organisationen und übernatürlicher Kreaturen wie Vampir_innen, Werwölf_innen und Geistererscheinungen, die im Verborgenen um die Herrschaft über die fiktive Spielwelt kämpfen. Die Topographie dieser Welt spiegelt die Dun-

---

27 Deutsch: »Stift-und-Papier-Rollenspiel«. Physisches Gesellschaftsspiel in dem die Teilnehmer_innen fiktive Rollen innerhalb einer fiktiven Welt einnehmen, die durch eine/n Erzähler_in auf Grundlage eines Regelwerks, das eine Spielwelt-Beschreibung, ein Handbuch und einen Spielwürfel enthält, kreiert. Als Spielwerkzeuge gelten der namensgebende Stift und das Papier.

28 Russo 2005, S. 105.

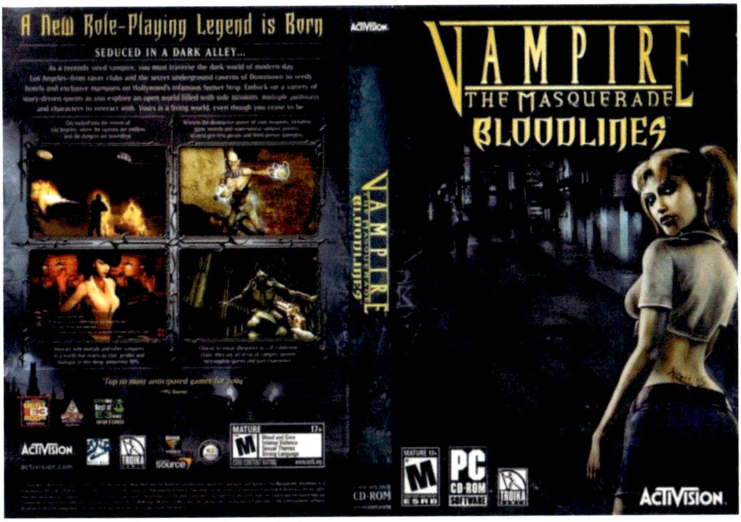

Abb. 5 Bildschirmabgriff der *Vampire: The Masquerade – Bloodlines*-Spieleverpackung, 2004.

kelheit wider. Die Architektur schwankt zwischen mittelalterlicher Gotik und kontemporären Bauweisen. *Bloodlines* wird dabei in der US-amerikanischen Großstadt Los Angeles und dessen Stadtteilen Santa Monica, Hollywood, Downtown und Chinatown verortet. Die Dunkelheit der digitalen Welt manifestiert sich ausschließlich in einem Nachtszenario, welches auf der Spieleverpackung in den Vordergrund gerückt wird (Abb. 5). Demnach bewegen sich die Spieler_innen mit ihren vampirischen Avataren[29] nie im Tageslicht fort. Dies hängt auch mit der Verletzlichkeit der vampirischen Figuren gegenüber dem Sonnenlicht zusammen. Dieser Verweis führt die Analyse zur Ikonographie des Spiels und den damit verbunden semantischen Zeichen.

29 Ein Avatar ist eine Spielfigur, die zur Personifikation eines Menschen in einem digitalen Spiel verwendet wird. Die Eigenschaften eines Avatars, wie etwa Attribute oder dessen Erscheinungsbild, können aktiv von den Spieler_innen beeinflusst werden. Ein Avatar steht im Kontrast zu einer vom Spiel prädeterminierten, steuerbaren Spielfigur.

Zwischen Blut, Feuer und Enthauptung

Gesichtete Objekte in *Bloodlines* funktionieren abweichend von den zuvor beschriebenen Gegenständen in *The Count* und werden zudem um semantische Zeichen erweitert. Während des Tutorials[30] treffen die Spieler_innen auf den non-player character (im Folgenden: NPC[31]) und Vampir Jack, der sogleich mit den stereotypen Genre-Eigenschaften bezüglich gängiger Zeichen und Objekte bricht. Er gewährt den Spieler_innen einen profunden Überblick zu ludischen Funktionsweisen und narrativen Auswirkungen der vampirischen Zeichen und subsumiert diese in die Kategorien ›überlebenswichtig‹ und ›lebensbedrohlich‹.

Blut, der ›Lebenssaft‹ der Vampir_innen, nimmt dabei den höchsten Stellenwert ein. Das Verlangen nach ihm wird mit der Sucht nach Heroin verglichen; Blut ist somit das Hauptnahrungsmittel, welches den Vampir_innen ihre Kraft im Spiel verleiht (Abb. 6). Spender_innen sind dabei menschliche NPCs, aber auch Tiere wie z. B. Ratten. Das Spiel gibt jedoch den Hinweis, dass Erstere während der Blutentnahme nicht getötet werden sollten, da dies für ein Ungleichgewicht in der Spielwelt sorgen und somit die namensgebende Maskerade zu Fall bringen würde. Auf diese Weise wird ›Blut‹ innerhalb der Spielwelt in ludischer und narrativer Hinsicht glorifiziert. Sämtliche Fähigkeiten der Avatare der Spieler_innen sind von der Blutaufnahme abhängig. Die Auswirkungen einer vollkommenen Enthaltsamkeit führen in den Wahnsinn und letztendlich zum Ableben. Dementsprechend verfügt das head-up-display[32] über einen

30 Lehnwort aus dem Englischen (lateinisch: tueri, »beschützen, bewahren, pflegen«). Im Kontext von digitalen Spielen beschreibt es eine Anleitung oder Einführung in eine Spielmechanik, wie etwa die Steuerung.

31 Deutsch: »Nicht-Spieler-Charakter«. Der Begriff beschreibt sämtliche Spielfiguren, die nicht von den Spieler_innen, sondern durch die Spielregeln und damit verknüpften Algorithmen in einem digitalen Spiel gesteuert werden.

32 Deutsch (wörtlich): »Kopf-oben-Anzeige«, auch: HUD. Das HUD ist ein bildschirmgestütztes Anzeigesystem, das die Spieler_innen im digitalen Spiel über wichtige ludische Eigenschaften ihrer Spielfiguren informiert. Dazu können Lebensanzeige, Munition und ausgerüstete Waffen zählen.

Abb. 6 Bildschirmabgriff zum NPC Jack aus *Vampire:. The Masquerade – Bloodlines.*

Anzeigebalken, der die Spieler_innen über ihren aktuellen Bluthaushalt informiert.

Abseits von einer fatalen »Blutarmut« führen auch andere genretypische Zeichen zu einem Ausscheiden aus dem Spielgeschehen. Diese sind nur hypothetisch zu betrachten, da sie lediglich narrativ eingebunden sind, jedoch nicht als verwendbare Gegenstände für die Spieler_innen vorkommen. Feuer, Sonnenlicht und eine Enthauptung (etwa durch einen Schrotflintenschuss in den Kopf) führen zur sicheren Vernichtung der Avatare. Andere genretypische Gegenstände haben stattdessen durch die narrative Einbindung in die *Chronicles of Darkness* von *Bloodlines* eine Veränderung erfahren und sind demnach wirkungslos. Zu diesen Gegenständen zählen z. B. Knoblauch, Kruzifix und Weihwasser (sowie Wasser im Allgemeinen). Eine besondere Wirkung hat der Pflock. Wurde er in *The Count* noch verwendet, um Dracula zu vernichten, betäubt er in *Bloodlines* die vampirische Figur. Andere vampirische Zeichen werden peripherer und teilweise komödiantisch abgehandelt. So können die Spieler_innen den NPC Jack in einer auswählbaren Dialogoption zum Dracula-typischen Umhang befragen, erhalten auf ihre Frage jedoch keine Antwort. Dies mag für die Narration unsinnig erscheinen, adressiert dieser »extradiegetische Verweis«[33] doch lediglich das Genreverständnis der Spieler_innen.[34] Sprich, der Umhang ist kein auftauchendes semantisches Zeichen in den *Chronicles of Darkness*, der beschriebene Verweis kann aber für die Spieler_innen unterhaltend wirken. Diesbezüglich spielt *Bloodlines* mit prävalenten stereotypischen Zeichen des Genres.

Vampir/Vampirin – Geschlecht/Sex

War bislang mehrheitlich von männlichen vampirischen NPCs wie Jack und Dracula die Rede, erlaubt *Bloodlines* auch die Kreation von weiblichen spielbaren Avataren. Dieses game feature[35] lobt bereits der Klappentext der Spieleverpackung: »Interact with mortals and other vampires in a world that reacts to […] gender […] in this deep, immersive RPG[36]«. Diese Implementierung von Geschlecht formt nicht nur eine authentischere Spielwelt, sondern führt gleichermaßen das Thema Sex in die Spieleserie ein. Im Vorgänger *Vampire: The Masquerade – Redemption* wurde dieses Thema weitestgehend unberücksichtigt gelassen.

Bei näherer Betrachtung fungiert dieses *feature* jedoch aufgrund der Wirkung als fan service[37] gegenüber der meist angenommenen männli-

33 Vgl. Genette 2010. Extradiegese beschreibt Erzählelemente, die außerhalb der Narration und somit der eigentlichen Erzählung stattfinden. Die Extradiegese kann auch die äußere Rahmenhandlung eines fiktiven Werkes beschreiben.

34 Vgl. Runzheimer 2017 in Film- und Fernsehwissenschaftliches Kolloquium Journal, Nr. 2/17, S. 295.

35 Deutsch: »Spieleigenschaft«. Der Begriff beschreibt eine besondere Eigenschaft oder Funktion eines digitalen Spiels, etwa die Möglichkeit, mit der Spielfigur zu schleichen oder Gegenstände aus Komponenten der Spielwelt zu bauen.

36 Abkürzung aus dem Englischen: »role-playing game«. Deutsch: Rollenspiel. In diesem Genre nehmen die teilnehmenden Spieler_innen eine ihnen zugeschriebene fiktive Rolle innerhalb einer prädeterminierten Spielwelt ein. Mit den Rollen sind verschiedene Erscheinungsbilder und Fähigkeiten verknüpft.

37 Aus dem Japanischen: »ファンサービス«. Der Begriff findet seinen Ursprung in der Anime- und Mangaszene und bezeichnet grafische Elemente, die nicht zur Entwicklung der Narration eines digitalen Spiels beitragen, sondern lediglich implementiert sind, um den Spieler_innen zu gefallen. Solche Elemente

chen Spielerschaft. Die Vorderseite der Spieleverpackung verstärkt diesen Eindruck durch die freizügige Darstellung des NPCs Jeanette, mit der männliche Avatare im Spielverlauf den digitalen Beischlaf vollziehen können. Neben Jeanette stehen auch andere männliche und weibliche NPCs für ein digitales sexuelles ›Stelldichein‹ zur Verfügung. Einzige Barriere ist hierbei die prädeterminierte sexuelle Orientierung der NPCs. Die Interaktivität des digitalen Spiels bewirkt dabei, dass neben der Hetero-, Homo-, Bi- und Asexualität die Kategorie der Protagosexualität unter einer Vielzahl der NPCs vorherrscht.[38] Protagosexualität (abgeleitet von Protagonist) ist mit Bi- oder Pansexualität vergleichbar und spiegelt die einprogrammierten Algorithmen und Regeln des Programmes im Kontrast zu einer determinierten Sexualität wider, wobei diese stetig mit dem gewählten Geschlecht der durch die Spieler_innen erstellten Avatare korrespondiert.[39]

Dabei ist *Bloodlines* nicht daran interessiert, ein diverses Bild von Geschlecht und Sexualität zu illustrieren. Zumeist sind die weiblichen NPCs protagosexuell angelegt, so dass dem homosexuellen digitalen Geschlechtsverkehr zwischen einem weiblichen steuerbaren Avatar und eines weiblichen NPCs nichts im Wege steht. Möchten männliche Avatare und NPCs den gleichgeschlechtlichen Akt ausüben, werden durch die Spielregeln Grenzen aufgezeigt, da sämtliche männliche NPCs in *Bloodlines* nicht protagosexuell angelegt sind. Dieses Phänomen hält auch das LGBTQ Video Game Archive in seinen Aufzeichnungen fest.[40] Eine Ausnahme zur heteronormativen Spielwelt bildet die lesbische NPC Pisha.

können sexuelle Schlüsselreize, übertriebene Gewalt, versteckte Details oder Verweise zu anderen medialen Inhalten (Transmedialität) sein.

38 Vgl. Haertel, Laura: »Queereinstiege. Zur Darstellung von Queerness in Computerspielen«, http://www.paidia.de/?p=4789#footnote_4_4789. Letzter Zugriff: 07.06.2018.

39 Vgl. ebd.

40 Vgl. LGBTQ Video Game Archive: »Same-Sex Flirtations in *Vampire the Masquerade: Bloodlines*«, https://lgbtqgamearchive.com/2015/11/21/same-sex-relationships-in-vampire-the-masquerade-bloodlines/. Letzter Zugriff: 07.06.2018.

Zudem können zwei weitere männliche NPCs mit Hilfe eines offiziellen patches[41] zur Bisexualität ›bekehrt‹ werden.[42]

Durch die Neuinterpretation und Evolution der semantischen Zeichen und der Integration eines bipolaren Geschlechterverständnisses sowie sexueller Orientierungen kreiert *Bloodlines* im Vergleich zu *The Count* ein Vampir-Genre der Moderne. Diese Modernisierung wurde, wie eingangs bereits erwähnt, überwiegend durch die Implementierung des Genres in die *World of Darkness* vorangetrieben. Auch spielt Sexualität eine wichtige Rolle, da sie nicht nur den digitalen Beischlaf und erwähnten fan service ermöglicht, sondern ebenso die initiale Verwandlung des steuerbaren Avatars der Spieler_innen erläutert. Dieser wird stets zu Spielbeginn von einem vampirischen NPC beim gemeinsamen digitalen Geschlechtsakt gebissen und somit verwandelt.

Der Vampir im Zwiespalt: *Vampyr*

Bloodlines und die narrative Rahmung der *Chronicles of Darkness* könnten vermuten lassen, dass sich das Vampir-Genre im digitalen Spiel in Richtung eines moderneren Vampirbildes weiterentwickelt habe und Parallelen zu der Genre-Entwicklung des Hollywoodkinos aufzeige, wie sie beispielsweise durch die Vampir_innen der *Twilight-Saga*[43] verdeutlicht wird. Ein erst kürzlich veröffentlichter Titel des Entwicklerstudios Dontnod interpretiert das Genre indessen auf eine andere Art. Im Nachfolgenden soll eine Annäherung an die vampirischen Zeichen und die narrative Rahmung durch exemplarische Merkmale am Spiel selbst sowie

41 Deutsch: »Flicken«. Ein Patch ist eine nachträgliche Aktualisierung oder Korrektur, die auf das Originalprogramm angewendet wird. Dies geschieht überwiegend zur nachträglichen Fehlerkorrektur.

42 Vgl. LGBTQ Video Game Archive (2015).

43 Alle filmischen Werke der *Twilight-Saga*, kann der Mediografie der vorliegenden Arbeit entnommen werden.

zwei Entwickler_inneninterviews des Online-Magazins Gamesradar und einer bislang vierteiligen Webserie[44] erörtert werden.

Vampirischer Selbsterhalt und der hippokratische Eid

Vampyr thematisiert den Blutdurst und Triebverzicht der Spielfigur Jonathan E. Reid, der zu Spielbeginn als Kriegsheimkehrer erst kürzlich von einem Fremden zum Vampir gemacht wurde.[45] Er befindet sich von diesem Zeitpunkt an in einem Zwiespalt zwischen dem eigenen Selbsterhalt als Vampir und der Ausübung seiner Profession als Arzt sowie dem damit verknüpften hippokratischen Eid. Betont wird dabei die Dichotomie zwischen der faktenbasierten Wissenschaft und der Übernatürlichkeit der Vampirfigur. Des Weiteren wird die Spielfigur Reid stetig mit moralischen Fragen konfrontiert, die etwa über das Leben eines NPCs entscheiden und somit den zuvor beschriebenen Zwiespalt auf die Spieler_innen projizieren.[46]

Blut in den Gassen von London

Ein wichtiger Aspekt der narrativen Rahmung ist das Grassieren der Spanischen Grippe in einem fiktiven London im Jahr 1918. Sie erschwert die Beschaffung von ›sauberem, trinkbarem Blut‹. Durch seine ärztliche Ausbildung ist Reid allerdings in der Position, das Blut potentieller Opfer auf dessen ›Reinheit‹ zu überprüfen. Ein solches Untersuchen wird durch die Topographie des fiktiven Londons sehr begünstigt. Wie auch *Blood-*

44 Eine Webserie ist ein audiovisuelles Tagebuch, das die Spieler_innen über den aktuellen Entwicklungsstand eines Spiels informiert. Die Webserie zu dem Spiel *Vampyr* des Entwickler_innenteams Dontnod umfasste zum Zeitpunkt der Anfertigung der Arbeit vier Episoden, die in der Mediografie der vorliegenden Arbeit eingesehen werden können.

45 Vgl. Delahunty-Light 2016.

46 Vgl. Webseries Episode 3 2018.

lines präsentiert *Vampyrs* Spielwelt eine Großstadt, die keinen Wechsel der Tageszeit aufweist und stets in eine nächtliche Dunkelheit getaucht ist. Durch verwinkelte Straßenschluchten und enge Gassen der Stadtteile White Chapel, East End Docks, West End und einem Krankenhaus ist es den Spieler_innen stets möglich, auf ein potentielles Opfer zu stoßen, dieses in eine dunkle Ecke zu lotsen und anschließend zu ›trinken‹. Auch das Londoner Abwassersystem spielt eine Rolle, da hier verschiedene Vampirrassen leben.[47] Diese Topographie erübrigt auch die Auseinandersetzung der Vampir-Figur mit den fatalen Sonnenstrahlen.

Neben dem vampirischen Zeichen des Blutes und der Topographie eines fiktiv leidenden Londons durch das Nachhallen des Ersten Weltkriegs und dem Grassieren der Spanischen Grippe weist *Vampyr* nur wenige genretypische Merkmale auf, die mit *The Count* und *Bloodlines* vergleichbar wären. Lediglich das Leitmotiv des Blutes und die Verwendung eines Kruzifixes zur Abwehr von Vampir_innen konnten bislang in der besagten Webserie gesichtet werden.[48]

Obgleich die Analyse bezüglich der vampirischen Zeichen und der Topographie kompakter ausfällt, sind nichtsdestotrotz veränderte Merkmale des Vampir-Genres erkennbar, die nicht ausschließlich auf die Ikonographie und Topographie, sondern auf die narrative Rahmung des Spiels und die vampirische Spielfigur Jonathan E. Reid zurückzuführen sind. Die Narration wird besonders durch die Figurenzeichnungen der NPCs verstärkt. Sie konstruieren stets ein moralisches Dilemma für die Spieler_innen und erschweren somit das Töten und ›Trinken‹ einer Figur zum eigenen Überleben.

47 Vgl. Delahunty-Light 2016.
48 Vgl. Webseries Episode 1 2018, 1:16min.

Erfassung und Verortung des Vampir-Genres

Wie die Analyse der semantischen Zeichen und Topographie der digitalen Spiele *The Count*, *Bloodlines* und *Vampyr* aufzeigt, lassen sich in allen Titeln repetitive vampirische Zeichen wiederfinden, die durch eine syntaktische Rahmung sowie narrative Elemente eine Veränderung erfahren und folglich eine neue Funktion innehaben. Als festes Leitmotiv und vampirisches Zeichen ist das Blut fester Bestandteil und prägt das gesamte Vampir-Genre.

Es verändert sich mit dem Rollentausch der Vampirfigur von NPC zu steuerbarer Spielfigur. Graf Dracula, die Vampirfigur aus *The Count*, tritt als Gejagter auf und muss vernichtet werden. Die Spieler_innen konzentrieren sich dabei auf die Verfolgung des Vampirs. Im Kontrast zu dieser Jagd auf den Vampir Dracula wird die Vampirfigur in *Bloodlines* und *Vampyr* zum/zur Jäger_in nach Blut transformiert, der/die hilflosen menschlichen Opfern als Beute zur Blutentnahme nachstellt. Das Leitmotiv des Blutes verlagert dabei seine semantische Deutung auf ludischer und narrativer Ebene, ausgehend von der steuerbaren Spielfigur. Mussten die Spieler_innen sich zunächst noch mit Knoblauch vor dem Biss Draculas und der Blutentnahme schützen, wird das Blut zum glorifizierten Lebenselixier, das zum Erhalt ihrer Avatare oder der Spielfigur Jonathan E. Reid unabdingbar ist. Mit diesem narrativen Rollentausch verändern sich auch Wichtigkeit und Funktion von anderen genretypischen Zeichen, wie etwa die des Pflocks. Führt er in *The Count* noch zuverlässig zur Vernichtung der Vampirfigur, hat er in *Bloodlines* lediglich eine betäubende Wirkung.

Die topographischen Begebenheiten der Spielwelt wirken dabei zwar unterstützend zur erfolgreichen Blutaufnahme und Zeichnung einer dunklen fiktiven Welt, sind allerdings intentional gewählt, um sich mit der tödlichen Wirkung des Sonnenlichts und der einhergehenden Vernichtung der Vampirfigur nicht auseinandersetzen zu müssen.

In der Konklusion lässt sich trotz der semantischen Schwankungen und Austauschbarkeit der vampirischen Zeichen und Örtlichkeiten eine Evolution des Vampir-Genres im digitalen Spiel erkennen. Diese wird nicht durch die Neuinterpretation vampirischer Zeichen angestoßen, sondern durch den syntaktischen und narrativen Rahmen, in dem die semantischen Zeichen arrangiert sind. In Bezug auf das digitale Spiel bedeutet dies, dass sich durch eine narrative und ludische Neuausrichtung der vampirischen Zeichen und Topographie das Vampir-Genre weiterentwickelt.

Die Fülle an erschienenen Spieletiteln der vergangenen Dekaden dokumentiert diesen historischen Wandel, wobei einige Spieletitel durch ihre »bescheidene Natur«[49] – sprich, die damals schon nicht zeitgemäße Grafik und Spielmechanik – dem Genre nur geringen Aufschwung beschert haben. Auf der Grundlage des neuesten Titels *Vampyr* und seiner klassischen Ausrichtung durch die Implementierung prototypischer, vampirischer Zeichen, der topographischen Verortung im England des frühen 20. Jahrhunderts sowie der narrativen Rahmung (Zwiespalt-Thematik) scheint das Genre vor einer Phase der Neubildung des 4-Phasen-Modells von Knut Hickethier zu stehen. Grund für diese Verortung ist die Hybridisierung vergangener und gegenwärtiger Narrationsmuster digitaler Spiele des Genres. Während die Spieler_innen in *Bloodlines* auf den Verzehr von Blut angewiesen sind und dieser auch zu einer stärkeren Spielfigur führt, behandelt *Vampyr* Fragen hinsichtlich der Tötung menschlicher Opfer, um das vampirische Überleben zu sichern. Spieler_innen sehen sich somit nicht mehr als dunkle Jäger_innen und Bestien, die den Blutverzehr in dunklen Gassen suchen. *Vampyr* anthropomorphisiert die Vampirfigur und ermöglicht den Spieler_innen moralische Konfrontationen mit den Einzelschicksalen verschiedener NPCs.

Eine finale Verortung des Vampir-Genres in die Phase der Neubildung des 4-Phasen-Modells erweist sich momentan als schwierig, da das Kriterium des Erfolgs durch die noch ausstehenden Absatzzahlen des Spiels nicht hinreichend belegt werden kann. Neueste Veröffentlichungen von Absatzlisten in Großbritannien zeigen jedoch eine positive Verkaufsentwicklung von *Vampyr*[50]. Dieser Trend unterstützt die Annahme zur Ver-

49 Link 2009.
50 Hebblethwaite 2018.

ortung des Genres in der Phase der Neubildung, da somit das Merkmal des Überraschungserfolges deutlich wird und gleichzeitig eine frühzeitige Verortung auch kurz nach dem Veröffentlichungszeitpunkt am 5. Juni 2018 ermöglicht. Dabei sei festgehalten, dass der vorliegende Artikel am 12. Juni 2018 fertiggestellt wurde.

Abbildungsnachweis

Abb. 1: *Museum of Computer Adventure Game History.* Abrufbar unter: http://www.videogameobsession.com/videogame/vic-20/Vic20-Count-vgo.jpg [07.03.2018].

Abb. 2: *Museum of Computer Adventure Game History.* Abrufbar unter: http://www.mocagh.org/loadpage.php?getgame=scottadams5 [08.03.2018].

Abb. 3: *Museum of Computer Adventure Game History.* Abrufbar unter: http://www.trs-80.com/covers/sw-scottadams5(thecount).jpg [08.03.2018].

Abb. 4: *Museum of Computer Adventure Game History.* Abrufbar unter: http://www.mocagh.org/loadpage.php?getgame=saga5 [08.03.2018].

Abb. 5: Version: Microsoft Windows. *GBATEMP. Independent Gaming Community.* Abrufbar unter: https://gbatemp.net/review/vampire-the-masquerade-bloodlines.148/ [08.03.2018].

Abb. 6: Bildschirmabgriff zum NPC Jack aus *Vampire:. The Masquerade – Bloodlines.*

Literatur- und Quellenverzeichnis

Altman, Rick (2003 [1986]): A Semantic/Syntactic Approach to Film Genre. In: Grant, Barry Keith (Hrsg.): Film Genre Reader II. Austin: University of Texas Press. S. 27–41.

Ascher, Franziska (2014). Die Narration der Dinge Teil II – Environmental Storytelling. [online] http://www.paidia.de/?p=4027 [25.05.2018].

Buscombe, Edward (1970): The Idea of Genre in the American Cinema. In: Screen, Ausgabe 12/70, Nr. 2, S. 33–45.

Delahunty-Light, Zoe (2016): Life is Strange team's new game Vampyr lets you kill EVERYONE to save London, or destroy it. [online] https://www.gamesradar.com/life-is-strange-teams-new-game-vampyr-lets-you-kill-everyone-to-save-london-or-destroy-it/ [07.06.2018].

Delahunty-Light, Zoe (2016): Stop it Vampyr, you're bloody spoiling us: 4 types of vampire (so far) and 3 ways to rip people apart?! [online] https://www.gamesradar.com/stop-it-vampyr-youre-bloody-spoiling-us-4-types-of-vampire-so-far-and-3-ways-to-rip-people-apart/ [15.06.2018].

Garza, Thomas (2010). The Vampire in Slavic Cultures. San Diego: Cognella.

Genette, Gérard (2010): Die Erzählung. 3. Auflage. Stuttgart: UTB.

Göbel, Jelka (2012): Neues Jahrtausend, neuer Vampirfilm? Kontinuität und Wandel des Genres. Marburg: Tectum Wissenschaftsverlag.

Götz von Olenhusen, Irmtraut (2011): Blutsauger: Mediengeschichte des Vampyrismus. In: Pešek, Jiří, und Wiesemann, Falk (Hrsg.): Blut. Perspektiven in Medizin, Geschichte und Gesellschaft. Essen: Klartext Verlag. S. 137–153.

Gunness, Jacob (2018): The Count Walkthrough, Hints and Tipps for PC Games. In: Cheatbook.de (Hrsg.).[online] http://www.cheatbook.de/wfiles/thecount.htm [07.03.2018].

Haertel, Laura (2014): Queereinstiege. Zur Darstellung von Queerness in Computerspielen. [online] http://www.paidia.de/?p=4789#footnote_4_4789 [07.06.2018].

Harmening, Dieter (1980): ›Drakula‹. Die deutsche Literatur des Mittelalters. In: Wachinger, Burghart et al. (Hrsg.): Verfasserlexikon. Bd. 2. Berlin: De Gruyter. S. 221–223.

Hartmann, Britta (1999): Topographische Ordnung und narrative Struktur im klassischen Gangsterfilm. In: Montage/AV. Ausgabe 8/99, S. 110–133.

Hebblethwaite, Luke (2018): Focus Home Interactive's ›Vampyr‹ takes a bite out the UK charts for their first No. 1. [online] https://ukie.org.uk/news/2018/06/focus-home-interactives-%E2%80%98vampyr%E2%80%99-takes-bite-out-uk-charts-their-first-no1 [15.06.2018].

Hickethier, Knut (2003): Genretheorie und Genreanalyse. In: Felix, Jürgen (Hrsg.): Moderne Filmtheorie. Mainz: Bender Verlag. S. 62–103.

Kuhn, Markus et al. (Hrsg.) (2013): Filmwissenschaftliche Genreanalyse. Eine Einführung. 1. Auflage, Berlin: De Gruyter.

LGBTQ Video Game Archive (2015): Same-Sex Flirtations in Vampire the Masquerade: Bloodlines. [online] https://lgbtqgamearchive.com/2015/11/21/same-sex-relationships-in-vampire-the-masquerade-bloodlines/ [07.06.2018].

Link, Andreas (2009): Spiele mit Biss: Die interessantesten Vampir-Spiele. In: PC Games (Hrsg.): [online] http://www.pcgameshardware.de/Spiele-Thema-239104/Specials/Bringen-Sie-Knoblauch-mit-683630/ [07.06.2018].

Maher, Jimmy (2013): Seastalker. [online] http://www.filfre.net/2013/09/seastalker/ [26.05.2018].

Miller, Elizabeth (1999): Coffin nails: Smokers and Non-smokers in Dracula Elizabeth Miller. [online] https://kutztownenglish.files.wordpress.com/2015/09/jds_v1_1999_miller.pdf [07.06.2018].

Runzheimer, Bernhard (2017): Die digitale Flanerie als reflexive Raumexploration im Computerspiel. In: Film- und Fernsehwissenschaftliches Kolloquium Journal, Nr. 2/17. S. 288–304.

Russo, Arlene (2005): Vampire Nation. London: Blake Publishing.

Trabant, Jürgen (1996): Elemente der Semiotik. Stuttgart: UTB.

Digitale Spiele

The Count. Adventure International (Entwicklung/Vertrieb), 1981. Commodore 64, Commodore VC 20, Webbrowser, Apple II, Tandy TRS-80, Atari-Heimcomputer, Sinclair ZX Spectrum, Texas Instruments Computer, FM-7, BBC Micro, PET 2001, PC-8801, Tandy TRS-80 Color, PC-98, Dragon 32, Dragon 64, Acron Electron, Exidy Sorcerer.

Vampire: The Masquerade – Bloodlines. Activision, Troika Games, 2004. Microsoft Windows.

Vampire: The Masquerade – Redemption. Activision, Nihilistic Software, 2000. Microsoft Windows.

Vampire: The Masquerade. White Wolf, Feder und Schwert, 1991. Pen-&-Paper-Rollenspiel.

Vampyr. Focus Home Interactive, Dontnod Entertainment, 2018. Microsoft Windows, Sony Playstation 4, Mircosoft Xbox One.

Filmografie

Breaking Dawn – Bis(s) zum Ende der Nacht, Teil 1 [The Twilight Saga: Breaking Dawn – Part 1]. Regie von Bill Condon, Concorde, 2011.

Breaking Dawn – Bis(s) zum Ende der Nacht, Teil 2 [The Twilight Saga: Breaking Dawn – Part 2]. Regie von Bill Condon, Concorde, 2012.

Count Yorga: Vampire. Regie von Bob Kelljan. American International Pictures, 1970.

Dracula. Regie von Terence Fisher. Warner Bros., 1985.

Eclipse – Bis(s) zum Abendrot [The Twilight Saga: Ecplipse]. Regie von David Slade, Concorde, 2010.

New Moon – Bis(s) zur Mittagsstunde [The Twilight Saga: New Moon]. Regie von Chris Weitz, Concorde, 2009.

Nosferatu – Eine Symphonie des Grauens. Regie von Friedrich Wilhelm Murnau. Produktion durch Enrico Dieckmann, Albin Grau für Prana-Film, 1922.

Tanz der Vampire [The Fearless Vampire Killers]. Regie von Roman Polanski. Produktion durch Gene Gutowski, Martin Ransohoff, 1967.

Twilight – Bis(s) zum Morgengrauen [Twilight]. Regie von Catherine Hardwicke, Concorde, 2008.

Underworld – Aufstand der Lykaner. Regie von Patrick Tatopoulos, John Tatoulis. Sony Pictures Home Entertainment, 2009.

Underworld – Awakening. Regie von Mans Marlind, Björn Stein. Sony Pictures Home Entertainment, 2012.

Underworld – Blood Wars. Regie von Anna Foerster. Sony Pictures Home Entertainment, 2016.

Underworld – Evolution. Regie von Len Wiseman. Sony Pictures Home Entertainment, 2006.

Underworld. Regie von Len Wiseman. TMG, 2003.

Online-Videos

Webseries: DONTNOD Presents Vampyr Episode 3 – Human After All. Dontnod, 2018. [online] https://www.youtube.com/watch?v=Z4tE-Tl-lvo [08.03.2018].

Webseries: DONTNOD Presents Vampyr – Episode 4 – Stories from the Dark. Dontnod, 2018. [online] https://www.youtube.com/watch?v=04bswUn5VkA [08.03.2018].

Webseries: DONTNOD Presents Vampyr Episode 1 – Making Monsters. Dontnod, 2018. [online] https://www.youtube.com/watch?v=1qDijDpleC8 [08.03.2018].

Webseries: DONTNOD Presents Vampyr Episode 2 – Architects of the Obscure. Dontnod, 2018. [online] https://www.youtube.com/watch?v=9GMXTGKSCpc [08.03.2018].

Realer Vampyrismus – wie leben Vampyre?

Ein exemplarischer Einblick in das Alltagsleben von zwei deutschen Vampyrinnen

Alina Januscheck

Abstract

Als Vampyre verstehen sich Menschen, welche entweder das Bedürfnis verspüren, Blut zu trinken oder Energie zu beziehen[1]. Zum Zeitpunkt der vorliegenden Studie ist diese Subkultur kaum in einem wissenschaftlich fundierten Kontext erforscht worden. Aus diesem Grund wurden exemplarisch beide Formen des realen Vampyrismus mithilfe der biographischen Methode[2] und unter Einbeziehung der Wohnsituation untersucht, um das alltägliche Leben der Vampyre und die persönliche Bedeutung dieser Lebensweise erfahren zu können, ausgehend von der Hypothese, dass durch diese Lebensart Konflikte zum Beispiel mit dem privaten wie auch öffentlichen Umfeld entstehen können. Als Ergebnis dieser Studie kann festgehalten werden, dass Vampyrismus eine individuelle Bedeutung für die Menschen hat, die ihn ausleben. Zudem ergeben sich größtenteils »moralische Konflikte« insofern, als dass diese Art der Lebensweise von außenstehenden Menschen als ›unnormal‹ oder ›gestört‹ betrachtet wird, worunter soziale Beziehungen leiden können.

1 Vgl. Mordor in Benecke (Hrsg.) 2016, S. 98f.
2 Vgl. Spiritova in Bischoff (Hrsg.) 2014, S. 120.

Einführung

Vampire sind nicht nur rein fiktive Figuren, welche in Romanen und Filmen auftauchen. Auch im realen Leben bezeichnen sich Menschen als sogenannte »Vampyre«. Diese Lebensweise hat ihren Ursprung in den USA und ist dort in den 1970er Jahren erstmalig näher untersucht worden. Vampyre[3] leben in den verschiedensten Ländern der Welt, von Russland über Südafrika und die USA bis nach Deutschland[4]. Ein Vampyr[5] ist ein lebendes Individuum, welches den Drang verspürt, seine Lebenskraft in Form von Blut oder Energie durch andere Menschen zu gewinnen[6]. Hierbei muss laut Frater Mordor[7] grundsätzlich zwischen zwei Typen von Vampyren differenziert werden. Unter die erste Kategorie fallen die sogenannten Energie-Vampyre, welche auch als psychische oder Psi-Vampyre bezeichnet werden. Diese Menschen können nach ihrer eigenen Überzeugung anderen, von diesen unbemerkt, Energie entziehen, um ihr eigenes Energiedefizit aufzufüllen. Als Folge dessen rufen sie bei anderen Menschen zum Beispiel negative Emotionen wie Mitleid und Wut oder auch Müdigkeit hervor. Die bewussten Energie-Vampyre geben hingegen an, dass sie mittels verschiedener energetischer Techniken das Energiefeld von Menschen in ihrer Umgebung verändern können[8]. Browning postuliert, es sei bewussten psychischen Vampyren möglich, Energie mithilfe von

3 In diesem Artikel wurde die Schreibweise des Vampyres mit ›y‹ beabsichtigt gewählt, um zwischen dem realen Vampyrismus und der mythischen, fiktionalen Figur des Vampirs differenzieren zu können. Außerdem wird diese Abgrenzung im deutschsprachigen Raum häufig von vielen Vampyren verwendet. Vgl. Sauromatos 2017b.

4 Vgl. Browning 2015.

5 Aus Gründen der besseren Lesbarkeit wird darauf verzichtet, jeweils die weibliche und die männliche Bezeichnung zu verwenden. Insofern neutrale oder männliche Bezeichnungen verwendet werden, sind darunter sowohl weibliche, männliche als auch Personen, die sich weder dem einen noch dem anderen Geschlecht zugehörig fühlen, zu verstehen.

6 Vgl. Keyworth 2002.

7 Der Autor publiziert unter diesem Pseudonym. Aus welchen Gründen er dies tut, ist nicht bekannt.

8 Vgl. Mordor 2016, S. 98f.

tantrischen Techniken bei erotischen oder sexuellen Begegnungen, aber auch ohne direkte Berührung zu entziehen. Dadurch könnten sie ›fremde‹ Energie zu ihrer eigenen umwandeln[9]. Dieser Vorgang wird auch als ›Draining‹[10] bezeichnet. Die zweite Kategorie bilden die ›Sanguinarians‹[11]. Dieser Begriff besitzt seinen Ursprung im lateinischen Wort ›sanguinarius‹, was übersetzt blutdürstig bzw. blutgierig bedeutet[12]. Ein Sanguinarius ist demnach ein Mensch, welcher das Bedürfnis verspürt, Blut zu trinken, um daraus Emotionen und Lebensenergie ziehen zu können. Dafür benötigt der Sanguine-Vampyr einen Spender, der auch als *Donor* bezeichnet wird. In der Regel finden die Spenden finden jedoch auf freiwilliger Basis statt. Für den Prozess der Spende werden häufig scharfe Gegenstände wie Messer oder Rasierklingen verwendet, um die Haut des *Donoren* gezielt zu verletzen. Allerdings ist die tatsächlich konsumierte Menge an Blut meist sehr gering. Einige Vampyre leben als Einzelgänger, wohingegen sich andere organisieren und in Gruppen zusammenschließen, die auch als Häuser oder *Covens* bezeichnet werden[13]. Im Rhein-Ruhrgebiet Deutschlands befindet sich zum Beispiel einer dieser Zusammenschlüsse namens House *Sauromatos*. Dieses Haus wurde im Jahr 2015 gegründet, um lokale Vampyre zu unterstützen und die Vernetzung europäischer Vampyrhäuser zu fördern[14]. An dieser Stelle wird betont, dass die hier aufgeführten Definitionen kritisch betrachtet werden müssen, denn sowohl Browning als auch Mordor sehen Vampyrismus als ein reales Phänomen an und hegen keinen Zweifel an den selbstzugeschriebenen »Kräften« der Vampyre. Hierbei muss jedoch bedacht werden, dass es derzeit nicht genügend wissenschaftliche Untersuchungen zu diesem Thema gibt und der Zusammenhang mit psychischen Krankheiten in Zukunft weitergehend erforscht werden muss, um solidere Erkenntnisse über subjektive und gesellschaftliche Hintergründe gewinnen zu können.

9 Vgl. Browning 2015.
10 Mordor 2016, S. 98.
11 Benecke in Benecke (Hrsg.) 2016b, S. 209.
12 Vgl. PONS o. J.
13 Vgl. Mordor 2016, S. 102.
14 Vgl. Sauromatos 2017a.

Zum Zeitpunkt der Forschung gab es lediglich eine fundierte Studie bezüglich des realen Vampyrismus in Deutschland. In der Studie von Ines Fischer wurden insgesamt 100 Vampyre[15] hinsichtlich ihres Verhaltens, ihrer Ansichten und Neigungen usw. befragt[16]. Im Diskussionsteil des Artikels wird diese Studie näher betrachtet. Im internationalen Raum wurden verschiedene Studien zu diesem Thema durchgeführt, so unter anderem eine Studie des Religionssoziologen Joseph Laycock, welcher herausarbeiten konnte, dass viele Vampyre bestimmte Charaktereigenschaften aufweisen und Vampyrismus ein Bestandteil des kulturellen Lebens ist. Darüber hinaus konnte die *Atlanta Vampire Alliance* (AVA)[17], welche sich nach eigenen Angaben auf ihrer Website als neutrales[18] Vampyrhaus in den USA bezeichnen[19], in einer umfassenden Studie namens »*Vampirism & Energy Work Research Study*«[20] nachweisen, dass es eine weltweite Vampyr-Identifizierung gibt. Laut Benecke wird so das Vorurteil widerlegt, dass Vampyre häufig junge Menschen sind, welche Vampirfilme nachstellen. Demnach sei das Verlangen nach Blut kultur- und altersübergreifend[21]. Im Rahmen der eben aufgeführten Studie wurden im Zeitraum von 2006 bis 2008 ungefähr 700 Teilnehmer befragt. Hierbei wurde herausgefunden, dass circa 70 Prozent der Teilnehmer Sanguine-Vampyre waren. Jedoch praktizierten 83 Prozent zusätzlich Energie-Vampyrismus. Die Zahlendifferenz lässt sich dadurch erklären, dass lediglich 30 Prozent der Teilnehmer ausschließlich psychischen Vampyrismus betrieben, wohingegen 50 Prozent ein Bedürfnis nach beiden Formen verspürten[22]. Mark Benecke kritisiert in diesem Kontext, dass die wenigsten Studien zu Vampyren wissenschaftlichen Ansprüchen genügen. Seiner Meinung

15 Vgl. Fischer zitiert nach Benecke 2016a, S. 150.
16 Vgl. Fischer in Benecke (Hrsg.) 2016, S. 192.
17 Vgl. Benecke 2016a, S. 147f.
18 In diesem Zusammenhang bedeutet neutral, dass die *AVA* sowohl den Sanguinen- als auch den Energie-Vampyrismus tolerieren.
19 Atlanta Vampire Alliance o. J.: House [AVA] Mission Statement.
20 Atlanta Vampire Alliance 2018: Vampirism & Energie Work Research Study.
21 Vgl. Benecke 2016a, S. 147f.
22 Vgl. Atlanta Vampire Alliance 2018.

nach wird Vampyrismus zu häufig als etwas Sensationelles dargestellt oder pathologisiert, das heißt als krankhaft angesehen[23]. Dies könnte einer der Gründe sein, weshalb das Thema bisher lediglich in geringem Maß erforscht wurde. Die Forschungslage zu diesem Thema war zum Zeitpunkt der vorliegenden Forschung im Allgemeinen und insbesondere innerhalb Deutschlands äußerst prekär. Bisher lassen sich hauptsächlich grobe Differenzierungen zwischen Energie- und Bluttrinkenden Vampyren finden, wobei sich die Studien größtenteils auf die Form des Sanguinen-Vampyrismus beschränken. Das alltägliche Leben der Vampyre innerhalb der Gesellschaft wurde dabei außer Acht gelassen. Aus diesem Grund geht der vorliegende Beitrag von folgender Forschungsfrage aus: Wie wird realer Vampyrismus im alltäglichen Leben deutscher Vampyre ausgelebt und welche Bedeutung messen diese dem Vampyrleben bei? Ziel dieser Studie sollte ein exemplarischer, jedoch gleichzeitig vertiefender Einblick in die alltägliche Lebenswelt eines Vampyres und der Bezug des Vampyrismus zu seinem Lebensstil sein. Zu Beginn der Studie wurden zudem die Hypothesen aufgestellt, dass die Bedeutung für jeden Vampyr individuell verschieden und dass das Ausleben des Vampyrismus mit Konflikten etwa seitens der Akzeptanz anderer Menschen verbunden ist. Diese Hypothesen sollen im Verlauf des Artikels noch einmal aufgegriffen werden.

Methodisches Vorgehen

Dieser Artikel stellt das Resultat einer qualitativen Biografieforschung vor. Marketa Spiritova beschreibt, dass anhand dieser Methode die Lebensgeschichte und Identität von Personen erfasst und gedeutet werden kann, um Rückschlüsse auf verschiedene Lebensstile und Alltagskulturen ziehen zu können[24]. Da der Fokus der Studie auf dem Alltagsleben und der persönlichen Bedeutung des Vampyrismus liegen sollte, erwies sich dieser

23 Vgl. Benecke 2016a, S. 148.
24 Vgl. Spiritova in Bischoff (Hrsg.) 2014, S. 120.

Zugang am geeignetsten. Am Beginn der Forschung stand eine Auseinandersetzung mit der Literatur über realen Vampyrismus, um einen ersten Einblick in die Lebenswelten des Vampyrismus zu erhalten.

Sampling

Es wurde die Methode des *Theoretical Samplings* angewandt, bei welcher die Interviewpartner willkürlich gewählt werden, um ein theoretisches Konzept aus dem Material heraus zu entwickeln. Soziodemographische Merkmale wie Alter, Geschlecht usw. spielen hierbei keine Rolle[25]. Anfangs sollte mithilfe des ›Schneeballsystems‹ ein Interviewpartner gefunden werden. Bei dieser Methode wird der Kontakt innerhalb einer Gruppe mittels einer Kontaktperson ausgebaut[26]. Aus diesem Grund wurde versucht, in einem Vampyrforum[27] – über einen Gruppenchat – mit verschiedenen Personen in Kontakt zu treten. Allerdings hatten die Mitglieder des Forums negative Erfahrungen mit populären Medien wie der Presse gemacht, so dass sich niemand bereit erklärte, ein Interview zu geben. Aufgrund dessen musste das Sampling modifiziert werden. Daher wurde die Suche nach Interviewpartnern ausgeweitet. Es wurde der Versuch gestartet, außerhalb des Forums andere Vampyre mittels eines Zeitungsaufrufes in einer Regionalzeitung und einer Rundmail in einem E-Mailverteiler[28] auf die Studie aufmerksam zu machen. Auf besagte Rundmail meldeten sich letztendlich eine Energie-Vampyrin namens Luisa Schmidt und die Sanguine-Vampyrin Isabella Gomez[29]. Mit jeder Vampyrin wurde vorab ein Treffen an einem öffentlichen Ort vereinbart. Dadurch konnte der Ablauf der Interviews näher erläutert und ein Ter-

25 Vgl. Lamnek 2005 [1988], S. 192f.

26 Vgl. Dobenecket et al. in Bischoff (Hrsg.) 2014, S. 90.

27 Aus Gründen der Anonymisierung wird dieses Forum namentlich nicht genannt.

28 Aufgrund der Anonymisierung werden keine genaueren Angaben gemacht.

29 Beide Namen wurden anonymisiert, um die Daten der Personen zu schützen.

min für das erste Interview vereinbart werden. Außerdem war es durch das Vortreffen möglich, eine Vertrauensgrundlage aufzubauen, was sich während der Interviews als hilfreich erwies.

Durchführung der Interviews

Insgesamt wurde jede Vampyrin zweimal und zu unterschiedlichen Terminen interviewt. Hierbei wurde beim ersten Treffen jeweils ein sogenanntes problemzentriertes Interview geführt. Nach Lamnek fokussiert sich der Forscher dabei auf den Bereich eines Themas, welcher zuvor durch eine Literaturrecherche festgelegt wurde[30]. In dieser Studie lag der biografische Fokus auf realem Vampyrismus. Der Forscher geht zudem mit vorherigen Forschungsüberlegungen ins Feld, über welche die Interviewten allerdings nicht informiert werden, um suggestive Beeinflussungen durch Vorwissen des Forschers zu vermeiden[31]. Das Konzept dieser Forschung stellten die Hypothesen bezüglich des Auslebens und der Bedeutung des Vampyrismus dar. Zu Beginn jedes Interviews wurde die Vampyrin schriftlich um ihr Einverständnis gebeten, dass alle Interviews mittels eines Aufnahmegerätes aufgezeichnet und anonymisiert werden. Anschließend wurde eine erzählgenerierende Frage gestellt, wobei der Erzählschwerpunkt von den Interviewten selbst gesetzt wurde. Dadurch sollte die individuelle Bedeutung der sozialen Realität für die Interviewpartnerinnen herausgefunden werden. In dieser Phase hört der Forscher lediglich zu und signalisiert sein Zuhören durch nonverbale Signale wie Augenkontakt, Nicken usw.[32] Erst im Anschluss werden Verständnis- und direkte Fragen gestellt.

Aufgrund der flexibleren Anwendung wurde im zweiten Interview statt eines traditionellen ein sogenanntes offenes Leitfadeninterview gewählt. Hierbei wurden vor dem Interview verschiedene Leitfragen festgelegt.

30 Vgl. Lamnek 2005 [1988], S. 356.
31 Vgl. ebd.
32 Vgl. Spiritova 2014, S. 121.

Im Folgenden wird nun ein kurzer Auszug aus diesen Fragen dargestellt, um dem Leser einen Einblick in diese Methodik verschaffen zu können. Beide Vampyrinnen wurden beispielsweise gefragt: »Wie definierst du Vampyr-Sein für dich?«, »Wie gestaltet sich Kontakt zu anderen Vampyren?« oder: »Wer aus deinem Umfeld weiß von deiner Lebensweise als Vampyrin?«. Im Anschluss daran wurden spezifische Fragen gestellt. So wurde die Energie-Vampyrin unter anderem gefragt: »Woran machst du fest, dass du Energievampyrismus betreibst?« und: »Wie kommst du an die Energie, die du benötigst?«. Die bluttrinkende Vampyrin wurde unter anderem gefragt, welche Empfindungen sie zu Blut habe und wie sie sich nach dem Konsum von Blut fühle. Die Abfolge der Fragen wurde hierbei nicht festgelegt und je nach Gesprächssituation angepasst. Beide Interviewmethoden wurden in dieser Reihenfolge angewandt, um innerhalb des ersten Interviews Themenbereiche wahrnehmen zu können, welche zuvor nicht bedacht wurden. Im zweiten Durchlauf konnten so zudem gezielt offengebliebene Fragen gestellt werden[33].

Die Interviews wurden in den Wohnungen der Befragten geführt, da nach Spiritova die Durchführung an einem möglichst ungestörten Platz stattfinden soll, damit sich die Interviewten wohlfühlen und offen reden können[34]. Des Weiteren stellt Wohnraum einen wichtigen Teil des alltäglichen Lebens dar, sodass ergänzende Beobachtungen in Bezug auf die Wohnsituation sowie Gestik und Mimik der Interviewpartner gemacht werden konnten. Diese Beobachtungen wurden nach jedem Interview schriftlich festgehalten. Dadurch wurde gewährleistet, dass viele nonverbale Informationen in die darauffolgende Analyse miteinbezogen werden konnten. Bei diesem Vorgehen wird der Forscher selbst zu einem Forschungsinstrument. Das hat zur Folge, dass eine Selektivität während der Forschung besteht. Diese soll nicht als Nachteil gewertet werden, denn selektives Beobachten ermöglicht gleichzeitig Flexibilität und Anpassung an den jeweiligen Forschungsgegenstand[35]. Aus diesem Grund wurden

33 Vgl. ebd., S. 120f.
34 Vgl. ebd., S. 123.
35 Vgl. Cohn in Bischoff (Hrsg.) 2014, S. 78f.

insbesondere bei der Energie-Vampyrin die eigenen Empfindungen, Gefühle und der Ablauf des Interviews stets kritisch reflektiert. Durch den Einbezug des ›forschenden Ichs‹ wurde es außerdem möglich, die Erfahrungen im Forschungsfeld zu analysieren und für Außenstehende verständlicher zu machen[36].

Den theoretischen Rahmen der Studie bildete Max Webers Theorie der »unendlichen Mannigfaltigkeit der empirischen Außenwelt«[37]. Diese besagt, dass kulturelle Vorgänge niemals vollständig erfasst werden, da sie vergehen und nach- bzw. nebeneinander auftauchen. Darunter versteht Weber, dass Forscher lediglich anstreben können, ein Thema zum Beispiel durch eine Beschreibung vollständig zu erfassen und die entstandenen Ergebnisse miteinander zu vergleichen[38]. Dieser Ansatz zeigt, dass die Forschungsergebnisse nicht repräsentativ sind. Repräsentativität ist gegeben, wenn eine Zufallsstichprobe den gesamten Forschungsbereich widerspiegelt. Da in dieser Untersuchung lediglich zwei Vampyrinnen interviewt wurden, liegt eine exemplarische Studie vor[39]. Dies ist dem Umstand geschuldet, dass in der qualitativen Forschung, im Gegensatz zur quantitativen Forschung, nicht-standardisiert geforscht wird. Bei qualitativer Forschung werden hingegen einzelne Fälle untersucht, die nicht generalisierbar sind und daher jedes Mal erneut interpretiert werden müssen.

Auswertung des empirischen Materials

Die Durchführung einer tiefergehenden Analyse war im zeitlichen Rahmen der Studie aufgrund der Fülle des erhobenen Datenmaterials (circa drei Stunden Interviewmaterial) nur bedingt möglich. Daher wurde das Material kodiert. Kodierung ist nach Christiane Schmidt ein Verfahren,

36 Vgl. Massmünster in ebd., S. 525f.
37 Weber, Max [1904] in Winkelmann (Hrsg.) 1985, S. 171.
38 Vgl. ebd., S. 171f.
39 Vgl. Lamnek 2005 [1988], S. 198.

bei welchem Kategorien gebildet werden. Diese werden aus dem Material selbst entnommen und in der Regel mithilfe mit einer Kodierungssoftware festgehalten[40]. Für diese Studie wurde die Software *MAXQDA* verwendet. Die gebildeten Kategorien werden im Laufe der Analyse stetig verändert und gegebenenfalls durch zusätzliches Material angepasst. Dadurch entstehen während des Auswertungsprozesses sogenannte Subkategorien. Mithilfe dieser kann sich der Forscher einen Überblick über die Themenkomplexe des Materials verschaffen[41].

Auf dieser Basis konnten in beiden Analysen die Kategorien ›Alter‹[42], ›Vampyr-Definition‹, ›Empfindungen‹ und ›Konflikte‹, welche sich in ›moralische‹ und ›organisatorische‹[43] unterteilen ließen, gebildet werden. Der Code ›Alter‹ unterteilte sich in beiden Fällen in die Subkategorien ›Jugend‹ und ›Erwachsenen-Alter‹.

Auffallend war, dass beide Vampyrinnen im Alter von 17 Jahren eine prägende Erfahrung hinsichtlich ihres Vampyrismus machten. Beide Vampyrinnen schauten sich eine ›Dokumentation im Fernsehen‹ an. Während Frau Gomez eine ›Dokumentation über realen Vampyrismus‹ anschaute, wählte Frau Schmidt eine ›Dokumentation aus dem esoterischen Bereich‹. Ausgehend von diesem Bericht informierte sie sich jedoch weiter in der ›Esoterik‹ und erfuhr somit von Energie-Vampyren. Das Medium ›Fernsehen‹ spielte demnach in beiden Fällen eine ausschlaggebende Rolle und trug zur Entwicklung der Vampyrinnen bei. Des Weiteren konnte eine Gemeinsamkeit bezüglich des Vampyrismus im jungen Erwachsenen-Alter festgestellt werden: Beide Vampyrinnen gelangten im Laufe ihrer 20er Jahre zu der Erkenntnis, dass sie Vampyre sind.

---

40 Vgl. Schmidt in Flick, Uwe et al. 2011 (Hrsg.), S. 450f.

41 Vgl. ebd., S. 452f.

42 Im weiteren Verlauf des Artikels wurden die Kodierungen zur besseren Erkennbarkeit in einfache Anführungszeichen gesetzt.

43 Unter ›moralischen Konflikten‹ werden hauptsächlich Konflikte mit a deren Menschen aus dem Umfeld der Vampyre, aber auch die öffentliche Reaktion in Bezug auf realen Vampyrismus gefasst. Wohingegen sich ›organisatorische Konflikte‹ auf die Problematiken der Ausübung des Vampyrismus bezieht.

Der nächste übergreifende Code bezog sich auf die ›Vampyr-Definition‹. Hierbei muss erwähnt werden, dass beide Vampyrinnen diesbezüglich individuelle Vorstellungen besitzen. Für die Sanguine-Vampyrin lassen sich fünf ›typische Merkmale des populären Vampirbildes‹ ausmachen. Diese bestehen aus folgenden Subcodes: ›das Trinken von Blut‹, ›eine Neigung zur Dunkelheit‹, ›das Meiden von Sonnenlicht‹, ›Zähne‹ und ›eine besondere Beziehung mit dem Tod‹. Frau Schmidt definiert sich hingegen als ›unfreiwillige Energie-Vampyrin‹. Des Weiteren wurde der Code ›Empfindungen‹ gebildet, welcher sich jeweils auf die ›Empfindungen‹ in Bezug auf ›Blut‹ und ›Energie‹ bezieht. Der letzte Code namens ›Konflikte‹ ließ sich bei beiden Vampyrinnen in erhöhtem Maße erkennen, wobei die ›organisatorischen Konflikte‹ bei der Sanguinen-Vampyrin im Vordergrund standen. Bei der Energie-Vampyrin lag der Schwerpunkt auf den ›moralischen Konflikten‹. Zu diesen Codes wurden zusätzlich für jede Vampyrin individuelle Codes entwickelt. So wurde bei der Analyse des Materials aus dem Interview mit der Energie-Vampyrin die übergeordnete Kategorie ›Energie‹ mit den Subkategorien ›Glauben‹, ›Esoterik‹ und ›Entziehung von Energie‹ gebildet. Bei der Sanguinen-Vampyrin wurde der oberste Code ›Blut‹ mit den Subkodierungen ›Gothic‹ und ›Blutentnahme‹ entwickelt. Letzteres wurde zusätzlich mit den Subkategorien ›bei sich selbst‹ und ›bei anderen Personen‹ versehen.

Das Alltagsleben zweier Vampyre

Im folgenden Kapitel werden die Vampyrinnen gesondert betrachtet. Dabei wird zuerst die vampyrische Selbstdefinition vorgestellt und und im Anschluss die verschiedenen Situationen im Alltag einer Vampyrin beleuchtet. Fernerhin werden die Ergebnisse der Analyse miteinbezogen, um einen möglichst holistischen Einblick in das jeweilige Alltagsleben vermitteln zu können.

Isabella Gomez – die Sanguinen-Vampyrin

Die persönliche Bedeutung des Vampyr-Daseins der Befragten lässt sich anhand ihrer selbst formulierten Definitionen festmachen. Verschiedene Faktoren stützen Isabella Gomez' Annahme, dass sie ein Vampyr ist. Beispielsweise identifiziert sie sich mit ›typischen Merkmalen des populären Vampirbildes‹, welche in Filmen und der Literatur vermehrt aufkommen. Eines dieser Merkmale stellt das ›Trinken von Blut‹ dar[44]. Frau Gomez betont hierbei jedoch, dass sie sich darüber im Klaren ist, dass sie lebendig ist und nicht untot. Sie weiß, dass sie sich ›normal‹ ernähren muss und nicht alleine von Blut leben kann. Isabella Gomez sagt von sich selbst, dass sie einen ›Blut-Fetisch‹ hat. Demnach findet sie Blut beziehungsweise den Konsum des Blutes erotisch. Ihr gefällt die Farbe, der Geruch und der Geschmack. Allerdings verspüre sie auch kein Bedürfnis danach, mehr als ein paar Tropfen Blut zu konsumieren, denn an diese Menge sei sie gewöhnt. Sie vergleicht das Bedürfnis nach Blut mit dem Bedürfnis nach einer Kugel Eis, welches man nicht jeden Tag, aber manchmal essen möchte. Dadurch drückt Isabella Gomez aus, dass sie nicht dauerhaft ›blutdürstig‹ ist, sondern nur gelegentlich. Bisher spendeten sechs Menschen Frau Gomez ihr Blut. Es waren immer vertraute Personen, das heißt enge Freunde oder ihre Freunde aus partnerschaftlichen Beziehungen. Aus Frau Gomez' Erzählung geht hervor, dass ihr bisher nur zwei fremde Personen angeboten und erlaubt haben, ihnen Blut zu entnehmen. Aufgrund des Risikos sich mit einer Erkrankung zu infizieren, wolle sie jedoch kein Blut von Unbekannten konsumieren. Sie betont außerdem, dass die Umstände, unter denen sie das Blut sieht, eine wichtige Rolle spielen: »In den meisten Umständen mag ich Blut gar nicht – also bei Unfällen oder Hinrichtungen [im Fernsehen] […]«[45]. Wenn sie es hingegen von einer nahestehenden Person bekommt, so empfindet sie dies als etwas sehr Schönes. Zudem gefällt es Frau Gomez, wenn ihrem *Donor* die Blutstropfen an der Haut hinunterfließen. Ästhetik spielt somit ebenfalls eine

44 Vgl. Kreuter in Brednich (Hrsg.) 2010, S. 1322.
45 Interview Isabella Gomez, 09.01.2018, Minute 00:10:46.

Rolle in Hinblick auf ihren Fetisch. Nachdem sie das Blut konsumiert hat, fühle sie sich »sehr, sehr, sehr gut«[46]. Frau Gomez vergleicht es mit dem Essen eines Stücks Schokolade und empfindet dabei eine beruhigende Wirkung. Des Weiteren fühle sie eine tiefe Verbundenheit mit dem Spender nach dem Trinken des Blutes.

Es wird deutlich, dass, auch wenn Isabella Gomez einen ›Blut-Fetisch‹ hat, der Konsum des Blutes nicht zwangsläufig mit sexuellen Aktivitäten zusammenhängen muss.

Sie beschreibt außerdem eine »besondere Neigung zu der Dunkelheit«[47] als ein weiteres Merkmal des Vampyr-Seins. In klassischen Filmen wie *Nosferatu* von Friedrich Murnau werden Vampire als nachtaktive Wesen dargestellt[48]. Dieses Gefühl teilt und verbindet Frau Gomez mit diesen Vampirfiguren unter anderem aufgrund ihres Gothic-Lifestyles[49]. Entsprechend ihres Lebens als Goth lässt sich sagen, dass sie bei den Treffen ausschließlich schwarze Kleidung trug und sich ihr Lebensstil auch in ihrem Zimmer widerspiegelte. Sie besitzt verschiedene Totenköpfe, die sich auf ihrem Regal befinden, zum Beispiel einen Halter für Räucherstäbchen in Form eines liegenden Skelettes und verschiedene Poster von Metalbands. Ihr Zimmer ist tendenziell in dunklen Farben eingerichtet, wodurch ihre Aussagen unterstrichen werden. Ein weiteres Merkmal stellt für Frau Gomez ›das Meiden von Sonnenlicht‹ dar. Sie hat einen sehr hellen Teint, weshalb sie vergleichsweise schnell einen Sonnenbrand bekommt und das Sonnenlicht meidet. Aufgrund ihrer ›Gothic-Ästhetik‹ gefalle es ihr zudem, nicht braun zu werden. Literarische Figuren wie *Der kleine Vampir* aus der Bücherreihe von Angela Sommerbodenburg müssen ebenso wie Isabella Gomez das Sonnenlicht meiden, da sie sonst

46 Ebd., Minute 00:11:14.

47 Interview Isabella Gomez, 28.12.2017, Minute 00:41:30.

48 Vgl. Kreuter 2010, S. 1423.

49 Nach Keyworth zelebriert die Gothic-Szene die ›dunkle‹ Seite des Lebens, worunter Tod, Melancholie und Morbidität gezählt werden. Die Lebensansicht wird durch Musik, Symbole wie Skelette, Kreuze und Särge oder auch durch die Farbe Schwarz im Allgemeinen und insbesondere über die Kleidung ausgedrückt, vgl. Keyworth 2002 in Journal of Contemporary Religion, (Jg. 17, 5), S. 355.

zu Staub zerfallen[50]. Somit spielen auch optische Faktoren für Frau Gomez eine wichtige Rolle bei der Identifikation als Vampyr. Hierzu zählt nicht nur die für einen Vampir »typisch blasse Haut«, sondern auch der Besitz von ›Zähnen‹. Diese haben für sie zunehmend an Bedeutung gewonnen. So besitzt sie einen Zahnaufsatz, der mithilfe von Druck perfekt auf ihre eigenen Eck- und Schneidezähne passt und damit einem Vampirgebiss gleicht. Sie liebt das Gefühl, ihre ›Zähne‹ zu tragen und tut dies nicht nur bei der Entnahme von Blut, sondern auch in ihrem Alltagsleben, beispielsweise auf Partys. Frau Gomez trägt ihre ›Vampirzähne‹ so oft sie kann und ist dazu fähig, nahezu alle Alltagshandlungen mit diesen ›Zähnen‹ auszuführen, zum Beispiel beißen, küssen, trinken usw. Im Nachhinein prägte sie Nils Jordans Film *Interview with a Vampire*, welchen sie im Alter von 8 Jahren gesehen hatte. Sie ließ sich dieselben ›Zähne‹ anfertigen, wie sie die Vampire in diesem Film besitzen. Durch das Tragen der ›Zähne‹ fühle sie sich wie ein Vampir. Auffallend ist, dass sich diese Merkmale ebenfalls auf bekannte literarische wie auch filmische Vampirfiguren beziehen lassen. Diese Figuren scheinen Frau Gomez in ihrer eigenen ›Vampyr-Definition‹ geprägt zu haben.

Darüber hinaus versteht Isabella Gomez »eine besondere Beziehung mit dem Tod«[51] als ein weiteres Merkmal ihres vampyrischen Lebens. Sie sagt, dass ihr die Vorstellung gefalle, dem eigenen Tod jeden Tag ein Stück näher zu sein. Frau Gomez sieht ihr eigenen Leben als sehr empfindlich und zerbrechlich an, da es jederzeit zu Ende sein könnte. Dieser Gedanke ist für sie angenehm und schön. Ihre Gothic-Lebensweise spielt hierbei eine große Rolle, weil sie sich den Tod als einen ruhigen Zustand vorstellt, in welchem man alle Sorgen und den Stress des eigenen Lebens dauerhaft vergisst. Dies sei ein Grund, weshalb sie Vampire möge: Sie seien zum einen tot, aber lebten zugleich. An dieser Vorstellung hat sie Gefallen gefunden, auch wenn sie weiß, dass sie diesen Zustand niemals erreichen kann.

50 Vgl. Kreuter 2010, S.1423.
51 Interview Isabella Gomez, 28.12.2017, Minute 00:50:57.

Wie bereits erwähnt, ergeben sich in Bezug auf das Ausleben des Vampyrismus sowohl ›moralische‹ als auch ›organisatorische Konflikte‹. Unter den Punkt ›organisatorische Konflikte‹ fällt das Problem der Auslebung, insbesondere bei der Entnahme des Blutes. Frau Gomez ist sich zum Beispiel darüber im Klaren, dass durch Blut Krankheiten übertragen werden können. Wenn Wert darauf gelegt wird – wie es bei ihr der Fall ist – sich nicht anzustecken, verkleinert sich durch diesen wichtigen Aspekt der Personenkreis bereits in der Theorie. Daher würde Frau Gomez nur dann in Betracht ziehen, von einer fremden Person das Blut zu konsumieren, wenn sie ihr ein entsprechender Bluttest vorläge. Problematisch beim Konsum des Blutes in den von ihr erwähnten Situationen war zudem, dass vier von sechs *Donoren* selbst keine Freude daran hatten, weil sie unter anderem nicht das gleiche Bedürfnis verspürten oder die Schmerzen und Verletzungen nicht mochten. Auch das Thema Vertrauen spielt hierbei eine große Rolle. Zwei ihrer Exfreunde verboten Frau Gomez, Blut zu entnehmen, da ihnen das Vertrauen fehlen würde. Schmerzen, freiwillige Verletzungen und ›Blutentnahme‹ stellen somit einen Vertrauensbeweis unter den Partnern und im Falle von Frau Gomez insbesondere für Spender eine Grundlage für das ›Blutspenden‹ dar. Des Weiteren war hygienische Reinlichkeit für einen der Partner ein weiteres Kriterium, um die ›Blutspende‹ zulassen zu können. Diese Bedingung setzte sie um und respektierte dabei seine persönlichen Grenzen. Frau Gomez' letzter ehemaliger Partner mochte beispielsweise das Werkzeug der ›Blutentnahme‹ (mithilfe eines Skalpells) nicht. »[Deshalb] hat er selbst gelernt das Blut mit einer Spritze und einer Kanüle [zu entnehmen] […]«[52]. Isabella Gomez berichtet davon, dass es ihr schwerfalle, sich beim Konsumieren von Blut und dem damit einhergehenden Beißen zu kontrollieren. Ihre ›Vampirzähne‹ sind spitz und rufen beim Spender Schmerzen hervor, wenn sie zubeißt. Daher ist die Kommunikation zwischen Spender und Vampyr äußerst entscheidend, um eine sichere Blutentnahme durchführen zu können.

52 Interview Isabella Gomez, 28.12.2017, Minute 00:20:08.

In Bezug auf das alltägliche Leben von Isabella Gomez können außerdem auch ›moralische Konflikte‹ festgestellt werden. So können beim Ausleben des Vampyrismus Konflikte mit anderen Menschen (Umfeld, Freund, Familie usw.) entstehen. Dies lässt sich beispielsweise an dem Problem festmachen, dass das Ansprechen ihres Fetisches innerhalb der Verwandtschaft für Frau Gomez außer Frage steht. Sie erzählte, dass sie aus einer katholischen Familie stamme und dass ihre näheren Angehörigen über ihre vampyrische Lebensweise Bescheid wüssten. Die entferntere Verwandtschaft wisse hingegen nur in Teilen davon und nehme an, dass Isabella Gomez etwas mit Satanismus zu tun habe. Aufgrund ihrer konservativen und religiösen Haltung sei es für Frau Gomez unmöglich geworden, mit ihren Verwandten über den Vampyrismus zu sprechen. Ihre Eltern seien grundsätzlich offen in Bezug auf das Thema Vampyre, jedoch unter der Bedingung, dass sie nichts Lebensgefährliches tue. Dennoch akzeptierten sie ihre Tochter so, wie sie ist, auch wenn sie ihre Lebensweise nicht nachvollziehen könnten. Für die Mutter wären, so erzählt Frau Gomez, die Kommentare der anderen Mitglieder aus der Verwandtschaft schwieriger als die Lebensweise ihrer Tochter selbst. Der Vater würde sich bei dem Thema komplett zurücknehmen. Lediglich mit ihrer Schwester könne sich ausführlicher darüber unterhalten: »Sie denkt, [es] ist ein bisschen ekelhaft Blut zu nehmen […]«[53]. Jedoch akzeptiere die Schwester ihre Lebensweise.

Auch wenn Frau Gomez ihr Vampyr-Dasein äußerlich auslebt, möchte sie nicht aufgrund ihres Aussehens in ihrem späteren Berufsleben eingeschränkt sein. Die langen ›Zähne‹ lassen optisch darauf schließen, dass sie ein Vampyr ist, es entsteht eine Assoziation zu Blut. Sie sagt, dass das ›Trinken von Blut‹ rechtlich nicht illegal sei, solange die Entnahme auf freiwilliger Basis beruhe. Jedoch ist diese Praxis in unserer Gesellschaft unüblich und wird von vielen Menschen als ekelhaft oder abschreckend wahrgenommen. Deshalb würde Frau Gomez ihre ›Zähne‹ nicht an Orten tragen, an denen sie eventuell später arbeiten möchte und beschränkt sich darauf, diese in ihrem Privatleben und ihrer Freizeit zu tragen. Ihre

53 Interview Isabella Gomez, 28.12.2017, Minute 01:01:53.

engen Freunde akzeptieren Frau Gomez, wie sie ist. Sie haben sich an ihr Aussehen und ihre Lebensweise gewöhnt, deswegen empfinden sie Isabella Gomez als normale Person. Zum Zeitpunkt des Interviews hatte Frau Gomez keinen Kontakt zu anderen Vampyren aufgenommen, auch weil das Bedürfnis, sich mit anderen auszutauschen, auf ein Minimum beschränkt war. Sie hatte vor mehreren Jahren angefangen zu suchen, aber bis auf eine inaktive Rollenspiel-Gruppe nichts gefunden. Eine weitere Suche über das soziale Netzwerk Facebook erwies sich zu dieser Zeit ebenfalls als erfolglos, so dass Frau Gomez die Suche aufgab. An dieser Stelle wird deutlich, dass sie durchaus Interesse an einem Kontakt zu anderen Vampyren verspürte. Doch scheint Frau Gomez wenig ambitioniert bei ihrer Suche gewesen zu sein, weshalb sie diese nach kurzer Zeit aufgab.

Luisa Schmidt – die Energie-Vampyrin

Luisa Schmidt definiert Energie-Vampyrismus wie folgt: Der Energie-Vampyr entzieht anderen Personen die ›Energie‹ und bereichert sich daran bzw. fühlt sich im Anschluss daran besser. Nach Frau Schmidts Verständnis muss zwischen drei Arten von Energie-Vampyren unterschieden werden. Auf der einen Seite gibt es die Personen, welche Energie-Vampyrismus bewusst und mit Absicht betreiben. Auf der anderen Seite gibt es jene, die sich ihrer Existenz als Energie-Vampyrin nicht bewusst sind. Schließlich gäbe es auch noch diejenigen, welche bewusst, aber »unfreiwillig Energie-Vampyrismus«[54] betreiben. In diese letzte Art würde sie sich selbst einordnen.

Frau Schmidt besitzt nach eigener Überzeugung die Fähigkeit, ›Energien‹ anderer Menschen wahrzunehmen. Hierbei kann zwischen ›persönlichem Kontakt‹ und ›Kontakt aus der Ferne‹ unterschieden werden, da sie die ›Energie‹ beispielsweise auch über Bilder von Prominenten wahrnehmen kann. Luisa Schmidt beschreibt die ›Entziehung von Energie‹ als automatischen Prozess, auf den sie wenig Einfluss nehmen kann. Sie

---

54 Vgl. Interview Luisa Schmidt, 11.01.2018, Minute 00:11:12.

sei zwar dazu in der Lage, sich bewusst mit bestimmten Leuten näher zu beschäftigen, insbesondere bei Prominenten. Jedoch sei sie bei persönlichem Kontakt mit Menschen in den meisten Fällen machtlos und merke, dass sie ihnen ›Energie‹ entzieht. In Bezug auf berühmte Persönlichkeiten berichtet Luisa Schmidt davon, dass sie ihre Fähigkeit dann automatisch benutzt, wenn sie einen Mangel in ihrem Leben wahrnimmt. Dazu zählt beispielsweise die Sehnsucht nach einer partnerschaftlichen Beziehung. In diesem Fall setzt sie sich mit Prominenten auseinander, welche eine scheinbar glückliche Partnerschaft führen. Frau Schmidt nennt hierbei jedoch kein konkretes Beispiel. Dennoch scheint sie mithilfe dieses Wissens dazu fähig zu sein, ihre »Kräfte« in gewissem Maße zu kontrollieren. An dieser Stelle muss jedoch betont werden, dass sie nur in seltenen Fällen die ›Energie‹ anderer Menschen spürt und bei vielen Personen gar keine ›Energie‹ oder Empathie wahrnimmt. In manchen Fällen hat sie hingegen das Gefühl: »Ich habe eine empathische Verbindung mit einer anderen Person.«[55] Dieses genauer zu beschreiben, sei schwer und sie sehe auch keine Gemeinsamkeiten zwischen den einzelnen Personen, welchen sie ›Energie‹ entzogen habe. Somit lässt sich eine Verbindung festmachen, welche mit Worten nicht beschrieben werden kann. Als ein Beispiel dafür nennt sie »Herzensenergie«[56]. Eine Beschreibung der verschiedenen ›Energien‹ fiele ihr schwer, da sie diese zwar spüre, aber die Gefühle außerhalb der fünf Sinne wahrnehme. Luisa Schmidt spüre, dass diese Menschen in ihrem Herzen ausgefüllt seien. Ist diese ›Energie‹ angenehm, nimmt Frau Schmidt ihrer Meinung nach wahr, dass die Energie der anderen Person auf sie übergeht und spürt gleichzeitig vorwiegend positive Gefühle. Das spricht dafür, dass Frau Schmidt in erhöhtem Maße zur Empathie[57] fähig ist und ihre Umwelt sensibler wahrnimmt als viele ihrer Mitmenschen. Nachdem Frau Schmidt ›Energie‹ von einem anderen Menschen entzogen habe, fühle sie sich ›aufgeladen‹. Damit ist gemeint, dass sie sich

55 Ebd., Minute 00:13:08.

56 Interview Luisa Schmidt, 17.01.2018, Minute 00:16:40.

57 Unter diesem Begriff wird die Begabung verstanden, sich in die Gefühle eines anderen Menschen hineinversetzen zu können. Vgl. Duden o. J.

energetischer und innerlich weniger leer fühlt. Zudem spüre sie einen emotional verbesserten Zustand wie zum Beispiel weniger Ängste und ein größeres Selbstwertgefühl. Auf der anderen Seite bekäme sie dann »auch ein schlechtes Gewissen dabei«[58], weil sie ihre Handlung selbst als unmoralisch wahrnimmt und berichtet von Versuchen, diese ›Energie‹ wieder zurückzugeben. Diese Versuche blieben bisher erfolglos. Teilweise berichtete Luisa Schmidt auch von einer »Sucht nach Energie«[59] in Zeiten, in denen es ihr emotional schlecht ging, um sich selbst besser zu fühlen.

Luisa Schmidt wuchs in einem christlich-agnostisch geprägten Elternhaus auf. Im Alter von 17 Jahren sah sie das erste Mal eine ›Dokumentation über Rückführungen in frühere Leben‹ und begann sich näher mit dem Thema ›Esoterik‹ zu beschäftigen. Frau Schmidts Tante führte sie zudem tiefer in den Bereich der ›Esoterik‹ ein. Aufgrund dieses Kontaktes und einem zunehmenden Interesse für verschiedene esoterische Strömungen begann sie, sich Bücher zu kaufen und diese exzessiv zu studieren. Eine dieser Strömungen ist der Glaube an ›Energie‹. Luisa Schmidt hat zeitweise dafür gebetet, dass sie damit aufhört, anderen Menschen ›Energie‹ zu entziehen. Dies habe allerdings nichts genützt. Sie erzählt, dass sie in Momenten betet, in denen sie denkt, Gott würde dies von ihr wollen oder weil sie sich Hilfe erhofft. ›Esoterik‹ mache ihr hingegen Spaß und habe ihr Hoffnung in schwierigen Zeiten gegeben.

Ihre spirituelle Seite spiegelt sich zum Teil auch in ihrer Wohnung wider. So hängt zum Beispiel eine Postkarte von Erzengel Michael neben Frau Schmidts Bett. Ansonsten weist Frau Schmidts Wohnung jedoch keinerlei weitere Auffälligkeiten auf. Der Einrichtungsstil (dunkle Farben, Gothic-Symbole usw.) bildet eine Ausnahme, wurde von der Forscherin aber bereits erwartet. Mit Hinweis auf die Engelspostkarte beschreibt Frau Schmidt ein Bedürfnis nach Schutz durch den Engel. Zudem gefalle ihr die ästhetische Wirkung dieser Wesen. Somit steht in beiden Glaubensrichtungen der Schutz vor Bösem im Vordergrund.

58 Interview Luisa Schmidt, 11.01.2018, Minute 00:06:01.
59 Ebd., Minute 00:08:30.

Luisa Schmidt hegt den Wunsch, anderen keine ›Energie‹ mehr zu entziehen. Um dies zu erreichen, muss sie »selbst viel positive Energie in sich tragen«[60]. Ihrer Meinung nach muss ihr Leben ausgefüllter werden, sowohl hinsichtlich ihrer Aktivitäten als auch ihres emotionalen Zustands, damit sie keinen Energie-Vampyrismus mehr betreibt. Um positiver fühlen zu können, hat sich Luisa Schmidt vor längerer Zeit in eine psychotherapeutische Behandlung begeben.

Es bestehen große ›moralische Konflikte‹ im Hinblick auf die Ausübung des Energie-Vampyrismus in Frau Schmidts Alltag. So war es von Beginn an mit Anstrengungen verbunden, sich selbst zu akzeptieren, unter anderem, weil sie dem energetischen beziehungsweise seelischen Bereich der anderen Person keinen Schaden zufügen wolle. Daher ist sie der Meinung, dass niemand freiwillig Energie-Vampyr sein sollte. Sie nimmt somit das ›Entziehen von Energie‹ selbst als etwas wahr, das gegen ihre eigenen Grundsätze verstößt. Außerdem werden ihrer Erfahrung nach Energie-Vampyren keine positiven Eigenschaften nachgesagt. Beispielsweise berichtet Luisa Schmidt von verschiedenen Erfahrungen aus ›Esoterik‹-Foren, in denen Menschen beschuldigt werden, Energie-Vampyre zu sein. Bis zum Zeitpunkt des Interviews war es für Frau Schmidt problematisch, dass sie sich mit keinem Menschen aus ihrem näheren Umfeld darüber ausgetauscht hatte. Sie habe sich lediglich zu Beginn einer Heilpraktikerin anvertraut, welche ihr gesagt habe, dass sie daran nichts ändern könne. Des Weiteren berichtet Luisa Schmidt, sie habe bereits als Kind gelernt, dass es Themen gibt, »über die redet man einfach nicht«[61]. Diese Erfahrung habe sie im realen Leben gemacht, aber auch in Büchern und Filmen nachvollzogen. Beispielhaft erwähnte sie ein Erlebnis mit einem Psychiater, mit welchem sie über das Thema gesprochen hatte. Nachdem sie ihre Angst bezüglich des Themas geschildet hatte, sah der Psychiater dies als ein Indiz dafür, dass sie schizophren[62] sein könnte. Ihr wurde

60 Interview Luisa Schmidt, 11.01.2018, Minute 00:43:59.

61 Ebd., Minute 00:20:03.

62 Schizophrenie ist eine Störung, bei der sich die Betroffenen verschiedene Sinneseindrücke einbilden. Sie leiden unter einer gestörten Wahrnehmung und neh-

unterstellt, sie habe Wahnvorstellungen und sie bekam ein Medikament verschrieben, welches diese unterbinden sollte. Nach mehreren Wochen fühlte sich Luisa Schmidt emotional dennoch nicht besser, sodass sie ihren Psychiater wechselte und die Medikamenteneinnahme aufgab. Dieses Ereignis beschrieb sie als unangenehme Erfahrung, die sie nachhaltig geprägt habe, da sie von niemandem als verrückt wahrgenommen werden möchte. Aus diesem Grund redet sie auch sonst nicht mit ihrer Familie oder ihren Freunden über das Thema. Ihre Tante wäre eine mögliche Ansprechpartnerin, allerdings sei sie nie auf den Gedanken gekommen, ihr davon zu erzählen. Frau Schmidt hat auch deshalb Bedenken, mit ihren Freunden darüber zu sprechen, weil sie nicht möchte, dass diese Angst bekommen, sie könne ihnen ›Energie‹ entziehen. Das Thema Energie-Vampyrismus hat sie aus diesen Gründen als Gesprächsthema als ›Tabu‹ für sich erklärt. Zum Zeitpunkt des Interviews hatte Luisa Schmidt keinen Kontakt zu anderen Energie-Vampyren. Sie sagt zwar, dass sie bisher kein Bedürfnis danach verspürt habe, mit einem ›Gleichgesinnten‹ zu reden, dennoch besteht von ihrer Seite aus generell ein großes Mitteilungsbedürfnis. Es gäbe viele Dinge in ihrem Leben, über die sie gerne mit anderen Menschen reden würde und es nicht könne.

Darüber hinaus können aus der Analyse des Materials heraus ›organisatorische Konflikte‹ festgestellt werden. Unter diesem Code sollen Konflikte gefasst werden, welche bei der Ausübung in Folge des ›Energieentzuges‹ entstehen. Der Hauptkonflikt in Bezug auf Frau Schmidts Fähigkeit besteht in ihrer Unsicherheit, inwiefern in ihr »einfach diese Illusion besteht«[63]. Dieser Umstand hat mit hoher Wahrscheinlichkeit damit zu tun, dass Luisa Schmidt in der Vergangenheit sehr schlechte Erfahrungen mit der Reaktion anderer Menschen im Hinblick auf das Thema Energie-Vampyrismus gemacht hat. Insbesondere das Erlebnis mit ihrem Psychiater scheint sie an ihrer eigenen Fähigkeit zweifeln zu lassen.

---

men beispielweise an, »[…] übermenschliche Kräfte und Fähigkeiten zu besitzen (zum Beispiel das Wetter kontrollieren zu können […])«, Dilling u. a. 2010 [1993], S. 112f.

63 Interview Luisa Schmidt, 17.01.2018, Minute 00:04:14.

Das Problem hierbei scheint für sie die Überprüfbarkeit der ›Energieentziehung‹ zu sein, welches nach Mordor aktuell noch nicht wissenschaftlich begründet werden kann[64]. Frau Schmidt hat jedoch akzeptiert, dass sie ein unfreiwilliger Energie-Vampyr ist.

Reflexion der Forscherin

Hinsichtlich der Sanguinen-Vampyrin ist für die Interview-Analyse von Relevanz, dass eine grundsätzliche Sympathie zwischen den Gesprächspartnerinnen bestand. Bei unserem ersten Treffen führten wir ein sehr offenes Gespräch und auch bei den Interviews zeigte sich Frau Gomez äußerst gesprächsbereit. Zudem erleichterte der Umstand des Vortreffens und die Durchführung von zwei Interviews das Entstehen einer vertrauensvollen Basis. So war während des im Sitzen geführten zweiten Interviews die körperliche Distanz zwischen uns deutlich geringer als beim ersten Mal. Diese Beobachtung interpretiere ich als Wohlfühlen seitens der Vampyrin. Ich habe Frau Gomez gegenüber keinerlei Vorurteile beziehungsweise Bedenken gehabt, da sie mir von Grund auf sympathisch und ehrlich erschien. Jedoch war ich mir darüber bewusst, dass eine zu große Sympathie bei einer Forschung, insbesondere bei der Auswertung der Daten, zu einem Hindernis werden kann. So kann beispielsweise eine Überidentifizierung mit dem Forschungsfeld zu einer zu positiven Darstellung der Ergebnisse führen. Daher empfand ich es als hilfreich, die Interviews nach der Transkription erst ein bis zwei Wochen später zu analysieren, um ein angemessenes Maß an Distanz gewinnen zu können.

Ich hatte bei der ersten Kontaktaufnahme mit Luisa Schmidt vermehrt negative Gefühle. Meine persönliche Sorge bezog sich darauf, dass sie mir meine ›Energie‹ entziehen würde. Hierzu muss erläutert werden, dass ich in meinem spirituellen Glauben der Meinung bin, dass jeder Mensch ›Energien‹ besitzt und dementsprechend auch, dass andere Menschen ei-

---

64 Vgl. Mordor 2016, S. 98.

nem diese ›rauben‹ können. Umso überraschender war es für mich, dass sie mir während des Interviews immer sympathischer wurde und meine Sorge hinsichtlich der Entziehung meiner ›Energie‹ unbegründet war. Der Hauptgrund dafür war, dass Frau Schmidt mir erzählte, dass sie keine ›Energie‹ bei mir spüren könne. Außerdem würde sie nicht mit Absicht ›Energie‹ entziehen und ihre Fähigkeit gerne loswerden. Es klang, als empfände sie es als eine Last, ein Energie-Vampyr zu sein, und ich musste meine vorherige negative Einstellung gegenüber Energie-Vampyrismus revidieren. Zuvor hatte ich nie darüber nachgedacht, dass der Besitz einer solchen Fähigkeit von den betroffenen Personen auch negativ aufgefasst werden kann.

Fazit und Ausblick

Alles in Allem lässt sich sagen, dass sich die Hypothesen, welche zu Beginn der Studie aufgestellt wurden, nach eingehender Analyse der Interviews bestätigen ließen. Die erste Hypothese lautete, dass real ausgelebter Vampyrismus eine individuelle Bedeutung für die Vampyre besitzt. So hängt die persönliche Bedeutung des Vampyrismus für Isabella Gomez zum Beispiel stark mit ihrer Lebensweise in der Gothic-Szene und vier ›typischen Merkmalen des populären Vampirbildes‹ zusammen, zu denen unter anderem die optischen Erscheinungsmerkmale der Vampire wie spitze Zähne und ein heller Teint zählen. Darüber hinaus besitzt die Sanguinen-Vampyrin einen ›Blut-Fetisch‹, welchen sie jedoch als etwas Positives in ihrem alltäglichen Leben wahrnimmt. Im Gegensatz dazu steht die persönliche Bedeutung des Vampyrismus für die Energie-Vampyrin Luisa Schmidt. Sie beschreibt, dass sie Menschen »unfreiwillig Energien entzieht«[65] und empfindet ihre Fähigkeit als etwas moralisch Verwerfliches. Des Weiteren hegt Frau Schmidt den Wunsch, in Zukunft keinen Energie-Vampyrismus mehr zu betreiben. Hinsichtlich der Bedeutung

65 Vgl. Interview Luisa Schmidt, 11.01.2018, Minute 00:11:12.

des Vampyrlebens schreibt Mordor in einem allgemeineren Kontext, dass Vampyre von Individualisierung geprägt sind. Das heißt, dass jeder Vampyr seine eigenen Vorstellungen davon besitzt, was einen Vampyr ausmacht. Aus diesem Grund könne es keine allgemeingültige Definition in Bezug auf Vampyre geben[66]. Diesem Ansatz wurde ebenfalls in der Studie nachgegangen, weshalb jede Vampyrin nach ihrer eigenen Definition hinsichtlich des Vampyrismus befragt wurde. Nach Falk wurde vor knapp 20 Jahren die Vampyrsubkultur noch mit der des Gothic gleichgesetzt. Nun würde sich allerdings ein Großteil der Vampyre bewusst vom Gothic abgrenzen[67]. Im Falle von Isabella Gomez trifft dieser Punkt nicht zu. Diese Beobachtung deckt sich mit den Ergebnissen der Studie von Ines Fischer, nach denen Vampyre sehr vielfältige Mentalitäten haben und es deshalb keine einheitlichen Weltvorstellungen gäbe. Außerdem überschneiden sich im Vampyrismus verschiedene Subkulturen, zum Beispiel die der Esoterik oder des Gothic, wie es auch in dieser Studie der Fall war. Des Weiteren stehen viele Vampyre ihrer eigenen Identität kritisch gegenüber und wollen kein Vampyr sein[68].

In Bezug auf die zweite Hypothese, dass mit dem Leben als Vampyr bestimmte Konflikte, zum Beispiel im eigenen Umfeld einhergehen können, lässt sich zusammenfassend Folgendes sagen: Sowohl bei der Sanguinen- wie auch der Energie-Vampyrin traten ›organisatorische‹ wie auch ›moralische Konflikte‹ auf. Während bei der Enegie-Vampyrin die ›moralischen Konflikte‹ verstärkt in den Vordergrund traten, standen die ›organisatorische Konflikte‹ bei der Sanguinen-Vampyrin im Fokus. Zudem wurde deutlich, dass beide Formen des Vampyrismus zum Teil auf ablehnende Reaktionen seitens des persönlichen Umfeldes stießen. Diese reichten im Falle von Luisa Schmidt so weit, dass sie sich niemandem weiter anvertraute, aus Angst, als ›verrückt‹ eingestuft zu werden. Diese Hypothese konnte somit ebenfalls bestätigt werden und soll dem Leser verdeutlichen, wie sehr die Auslebung des gesellschaftlich kaum anerkannten realen Vampy-

66 Vgl. Mordor 2016, S. 93f.
67 Vgl. Falk u. a. 2008.
68 Vgl. Fischer 2016, S. 192f.

rismus konfliktbeladen ist. Mit dieser Studie soll das Bewusstsein für und die Offenheit gegenüber unbekannteren Lebensarten gestärkt werden. So führt unter anderem John Browning aus, dass Vampyre sowohl in ihrer eigenen wie auch in unserer Gesellschaft leben. Er plädiert für mehr Toleranz gegenüber Andersartigkeit[69]. Dieser Aussage kann nur zugestimmt werden, denn wie Benecke bereits kritisierte, wird Vampyrismus zu häufig als eine Sensation oder etwas Krankhaftes dargestellt[70].

In Zukunft wäre es wünschenswert, dass eine Methode entwickelt wird, mit welcher Energie-Vampyrismus eindeutig nachgewiesen werden kann. Bis zu diesem Zeitpunkt kann lediglich auf die subjektive Wahrnehmung des Energie-Vampyres zurückgegriffen werden. Dabei wäre es interessant, Studien durchzuführen, in denen der *Donor* in die Energieentziehung eingeweiht ist. Zudem müssten größere Studien durchgeführt werden, um generalisierbare Aussagen machen zu können. Als problematisch kann hierbei jedoch der Umstand betrachtet werden, dass zum Teil viel Zeit notwendig ist, um das Vertrauen der Vampyre zu erlangen[71], welche sich in Häusern und Foren zusammengeschlossen haben. Dieser Faktor sollte insbesondere bei Gruppen bedacht werden, die zuvor negative Erfahrungen mit dem Journalismus oder anderen öffentlichen Medien gemacht haben. Momentan steht die Forschung über realen Vampyrismus am Anfang, sodass die Forschungsergebnisse und gebildeten Kategorien einen Anreiz für zukünftige Forschungen in diesem Bereich geben können.

Literatur- und Quellenverzeichnis

Atlanta Vampire Alliance (o. J.): House [AVA] Mission Statement, [online] http://www.atlantavampirealliance.com/missionfaq.html [07.03.2018].

69 Vgl. Browning 2015.
70 Vgl. Benecke 2016a, S. 148.
71 Vgl. Browning 2015.

Atlanta Vampire Alliance (2018): Vampirism & Energie Work Research Study, [online] http://www.suscitatio.com/analysis.html [29.04.2018].

Benecke, Mark (2016a): Eine Vampyr-Studie. In: Benecke, Mark (Hrsg.): Vampire unter uns! Remda-Teichel: Edition Roter Drache. S. 143–146.

Benecke, Mark (2016b): Glossar. In: Benecke, Mark (Hrsg.): Vampire unter uns! Remda-Teichel: Edition Roter Drache. S. 205–210.

Browning, John Edgar (2015): What they do in the shadows: my encounters with the real vampires of New Orleans, [online] https://theconversation.com/what-they-do-in-the-shadows-my-encounters-with-the-real-vampires-of-new-orleans-39208 [06.03.2018].

Cohn, Miriam (2014): Teilnehmende Beobachtung. In: Bischoff, Christine (Hrsg.): Methoden der Kulturanthropologie. Bern: Haupt. S. 69–85.

Dilling, Horst et al. (2010 [1993]): Internationale Klassifikation psychischer Störungen. ICD 10 Kapitel 5 (F) klinisch-diagnostische Leitlinien. Kösel: Hans-Huber.

Dobeneck, Florian von et al. (2014): Statusunterschiede im Forschungsprozess. In: Bischoff, Christine (Hrsg.): Methoden der Kulturanthropologie. Bern: Haupt. S. 86–100.

Duden (o. J.): Empathie, [online] https://www.duden.de/rechtschreibung/Empathie [11.03.2018].

Falk, David et al. (2008): »Predatory Spirituality«. Vampire Religion in America, [online] http://www.atlantavampirealliance.com/forum/index.php?topic=1894.0 [07.03.2018].

Fischer, Ines (2016): Die Auswertung. In: Benecke, Mark (Hrsg.): Vampire unter uns! Remda-Teichel: Edition Roter Drache. S. 147–192.

Keyworth, David (2002): The Socio-Religious Belief and Nature of the Contemporary Vampire Subculture. In: Journal of Contemporary Religion, (Jg. 17, 5), [online] https://doi.org/10.1080/13537900220000008280 [07.03.2018], S.355–370.

Kreuter, Peter Mario (2010): Vampir. In: Brednich, Rolf Wilhelm (Hrsg.): Enzyklopädie des Märchens. Handwörterbuch zu historischen und vergleichenden Erzählforschung, (13). Göttingen: De Gruyter. S. 1319–1327.

Lamnek, Siegfried (2005 [1988]): Qualitative Sozialforschung. Lehrbuch, Basel: Beltz.

Mordor, Frater (2016): Vampirismus in Deutschland. In: Benecke, Mark (Hrsg.): Vampire unter uns! Remda-Teichel: Edition Roter Drache. S. 91–104.

Massmünster, Michel (2014): Sich selbst in den Text schreiben. In: Bischoff, Christine (Hrsg.): Methoden der Kulturanthropologie. Bern: Haupt. S. 522–538.

PONS (o. J.): sanguinarius, [online] https://de.pons.com/%C3%Bcberset zung/latein-deutsch/sanguinarius [07.03.2018].

Sauromatos (2017a): About, [online] https://sauromatos.tumblr.com/about [07.03.2018].

Sauromatos (2017b): What are some fictional vs real vampire things? Like myth debunking? [online] https://sauromatos.tumblr.com/post/168 261057158/what-are-some-fictional-vs-real-vampire-things [07.03.2018].

Schmidt, Christiane (2011): Analyse von Leitfadeninterviews. In: Flick, Uwe et al. (Hrsg.): Qualitative Forschung. Ein Handbuch. Reinbeck: Rowohlt. S. 447–456.

Spiritova, Marketa (2014): Narrative Interviews. In: Bischoff, Christine (Hrsg.): Methoden der Kulturanthropologie. Bern: Haupt. S. 117–130.

Weber, Max (1904): Die Objektivität sozialwissenschaftlicher und sozialpolitischer Erkenntnis. In: Winkelmann, Johannes (Hrsg.) (1985): Gesammelte Aufsätze zur Wissenschaftslehre.Tübingen: J.C.B. Mohr. S. 146–185.

Autor*innen

Alexander Gerdes studiert in Marburg Vergleichende Kultur- und Religionswissenschaften in Verbindung mit Jura und Archäologie. Zu seinen Forschungs- und Studiumsschwerpunkten zählen vor allem Mythen- und Sagenforschung und ihre Rezeption in modernen Medien, materielle Kultur und forensische Anthropologie. Neben dem Studium ist er selbstständig im Messe und Eventbereich.

Alina Januscheck, B. A., studierte vergleichende Kultur- und Religionswissenschaft an der Philipps-Universität in Marburg. Ihre Bachelorarbeit trug den Titel »Spurensuche. Die kulturwissenschaftliche Analyse eines Fotoalbums aus den 1930er Jahren«. Derzeit absolviert sie ihr Masterstudium in Ethnografie an der Humboldt-Universität zu Berlin. Ihre Forschungsinteressen liegen in der Museumsforschung, Sensual Anthropology sowie der Medizinanthropologie.

PD Dr. Marion Näser-Lather studierte Europäische Ethnologie und Philosophie, promovierte zum Thema »Bundeswehrfamilien« (Nomos 2011) und habilitierte sich mit einer Ethnografie der neuen italienischen Frauenbewegung »Se Non Ora Quando« (Waxmann 2019). Nach Postdoc-Stationen in Paderborn, Marburg und Innsbruck arbeitet sie momentan am Zentrum für Gender Studies und Feministische Zukunftsforschung der Philipps- Universität Marburg. Zu ihren Forschungsschwerpunkten zählen neben Gender Studies Protestforschung, Mediterranean Studies, Digitalisierung und Critical Military Studies.

Franziska Peikert, B. A., studierte Europäische Ethnologie/Volkskunde und Skandinavistik an der Christian-Albrechts-Universität zu Kiel und absolviert ihren Master in Empirischer Kulturwissenschaft an der Philipps-Universität-Marburg. Neben dem Schwerpunkt Natur und Umwelt-Diskurse setzt sie sich mit Fragen zu Normen und Werten, Normalität und Ausgrenzung in verschiedensten Sphären, Medienkultur und alternativen Lebenskonzepten auseinander. In ihrer Abschlussarbeit behandelt sie das Phänomen der Scham und Beschämung im Kontext aktueller Umweltdiskussionen.

Dr. Marguerite Rumpf studierte Europäische Ethnologie/Kulturwissenschaft, Neuere deutsche Literatur und Musikwissenschaft und schloss das Studium mit einer Magisterarbeit über Fankultur ab. 2017 Promotion mit der Arbeit »Pantoffeln gebe ich Dir mit auf den Weg«. Schenken in den Konzentrationslagern Ravensbrück, Dachau, Sachsenhausen und Buchenwald (Königshausen & Neumann 2017). Weiterhin interessiert sie sich für die verschiedenen Facetten von Populärkultur. Zu ihren Forschungsschwerpunkten zählen unter anderem Erinnerungskultur, visuelle Anthropologie, materielle Kultur, Mittelalterrezeption und Fanforschung.

Sandra Schwarzmann, B. A., studierte Vergleichende Kultur- und Religionswissenschaft mit dem Kernfach der Europäischen Ethnologie an der Philipps-Universität Marburg. Ihren Bachelor schloss sie 2019 mit der Arbeit »(Un-)reflektierte Vergangenheit – Eine kritische Untersuchung neokolonialer Spuren im postkolonialen Museum« ab. Nach einer begleitenden Tätigkeit im humanitären Bereich studiert sie aktuell den Master »Management in Nonprofit-Organisationen« in Osnabrück. Zu ihren thematischen Schwerpunkten zählen u. a. die postkoloniale Theorie und Gender Studies.

Nils Bernd Michael Weber, B. A., absolvierte vor dem Abschluss des Bachelor of Arts im Fach Medienwissenschaft eine Ausbildung zum Industriekaufmann und arbeitete anschließend fünf Jahre als Community Manager für ein internationales Konsumgüterunternehmen. Zurzeit studiert er im Master-Studiengang Medien und kulturelle Praxis an der Philipps-Universität Marburg. Angelehnt an seine akademischen Forschungsschwerpunkte im Bereich der Game und Gender Studies, schreibt er als freier Autor für das Printmagazin *GAIN (Games Inside) – Das unabhängige Magazin für Spielekultur* und den sprach- und kulturwissenschaftlichen Online-Blog *Language at Play.*

Frank Jacob

MENSCHENAFFEN – AFFENMENSCHEN

Kulturgeschichte einer
Mensch-Tier-Beziehung

Affen sind vermutlich die Tiere, mit denen wir uns am ehesten identifizieren, wenn es darum geht, das Menschliche im Tierischen zu erkennen. Dessen ungeachtet symbolisieren sie gleichsam eine Furcht menschlicher Degeneration. Das besondere Mensch-Tier-Verhältnis ist Gegenstand der vorliegenden Kulturgeschichte. Frank Jacob führt aus, welche Rolle Affen für die Selbstwahrnehmung des Menschen spielten und wie sie, etwa als Objekt in Forschung und Populärmedien, gleichermaßen als humanoides Tier begriffen wurden und werden.

ca. 260 Seiten • kartoniert
34,– € • ISBN 978-3-96317-201-4
ET März 2020
Auch als E-Book erhältlich

David M. de Kleijn

DAS PFERD IM »NACHPFERDE-ZEITALTER«

Zur kulturellen Neusemantisierung einer
Mensch-Tier-Beziehung nach 1945

Als die tierliche Arbeitskraft im Zuge der Motorisierung nach 1945 weitgehend obsolet geworden war, verloren Pferde unwillkürlich an Relevanz. Doch statt ihres mitunter befürchteten Verschwindens lassen sich für das Verhältnis zu Pferden Prozesse kultureller Sinnstiftung, Umwidmung, Neubesetzung und des Wiederauflebens beobachten. David de Kleijns Studie der heterogenen, stets emotional besetzten Diskurse um die Rolle des Pferdes im »Nachpferdezeitalter« (Koselleck) ermöglicht tiefe Einblicke in ein bislang wenig beachtetes Feld deutsch-deutscher Gesellschaftsgeschichte.

590 Seiten • kartoniert
38,– € • ISBN 978-3-96317-161-1
ET Dez 2019
Auch als E-Book erhältlich

REIHE

Die Reihe *Beiträge zur Tiergeschichte* untersucht Mensch-Tier-Beziehungen in allen chronologischen und geografischen Kontexten. Die Einzelbände beschäftigen sich bisher jeweils mit bestimmten Tieren (Pferde, Elefanten, Affen) und ihrer Bedeutung für die Geschichte des Menschen bzw. der kulturellen Beziehungsgeschichte Mensch-Tier. Weitere Bände sind gleichwohl auch für andere thematische Zugänge sowie für tierhistorische Spezialstudien offen.

Das Ziel der Reihe ist, die historische Bedeutung von Mensch-Tier-Beziehungen zu unterstreichen und gleichzeitig neue Perspektiven auf den Zusammenhang zwischen tierischer und menschlicher Geschichte zu eröffnen. Die Schriftenreihe ist dabei gleichermaßen interessiert an Tagungs- und Sammelbänden sowie Monografien, insbesondere akademischen Qualifikationsschriften. Die Ausrichtung ist interdisziplinär gestaltet, sodass Arbeiten aus den der Geschichtswissenschaft benachbarten Disziplinen willkommen sind.

ISSN (Print) 2626-8256
ISSN (Online) 2698-3214

HERAUSGEBER

Prof. Dr. Frank Jacob, geb. 1984, studierte von 2004 bis 2010 an der Julius-Maximilians-Universität in Würzburg sowie an der Osaka University Geschichte und Japanologie. 2012 wurde er an der Friedrich-Alexander-Universität Erlangen-Nürnberg im Fachbereich Japanologie mit einer Arbeit zu Geheimgesellschaften in Deutschland und Japan promoviert. Nach Tätigkeiten als Lehrbeauftragter an der Friedrich-Alexander-Universität und der Heinrich-Heine-Universität Düsseldorf wurde er 2013 zum Wissenschaftlichen Assistenten am Lehrstuhl für Neueste Geschichte I der Julius-Maximilians-Universität in Würzburg bestellt. 2014 erhielt er einen Ruf auf eine Tenure-Track-Professur für Welt- und Globalgeschichte ab 1500 an die City University of New York, 2018 einen Ruf auf eine Professur (tenured) für Globalgeschichte (19. und 20. Jahrhundert) an die Nord Universitet, Norwegen.

BÜCHNER